속도
경쟁
사회

지은이

>> 황경석

LG전자와 LG 디스플레이에서 경영자로 재직했다. 국내외 다양한 분야에서의 경험을 토대로 속도경영에 대한 통찰을 얻을 수 있었으며, 속도 전략을 기반으로 한 기업경영 전문가이다. 또 IT와 경영을 결합한 여러 학술 활동을 추진하고 있다. 연세대학교 대학원 경제학과와 서울대학교 최고경영자과정을 수료했다. 전경련에서 중소기업 및 창업기업에 대한 경영자문 활동을 수행하고 있다.

>> 채성수

대학에서 컴퓨터공학을 전공하였으며, 한국, 프랑스, 스페인, 멕시코, 중국 등 전 세계를 대상으로 다년간 소프트웨어 구축 사업에 참여하였다. 국가 공인 최고 자격인 정보관리기술사로 소프트웨어 전문위원, 평가위원 등의 다양한 활동을 하고 있다. 4차 산업혁명 및 소프트웨어와 관련한 칼럼을 신문에 기고하였고, 《코딩을 위한 컴퓨팅 사고력》(오동환 공저), 《소프트웨어 인사이더》(한상운 공저) 등의 서적을 저술하였다. 현재 대학에서 겸임교수로 소프트웨어 관련 강의를 하고 있으며, 소프트웨어개발 전문 회사에서 총괄부사장으로 일하고 있다.

속도 경쟁 사회

황경석, 채성수 지음

펴낸날 2017년 7월 5일 초판1쇄 | 2019년 10월 7일 초판2쇄
펴낸이 김남호 | 펴낸곳 현북스
출판등록일 2010년 11월 11일 | 제313-2010-333호
주소 04071 서울시 마포구 성지길 27, 4층
전화 02)3141-7277 | 팩스 02)3141-7278
홈페이지 www.hyunbooks.co.kr | 인스타그램 hyunbooks
ISBN 979-11-5741-094-1 13320

편집위원 김찬, 이현배 | 디자인 김영미 | 마케팅 송유근 | 영업지원 함지숙

글 ⓒ 황경석, 채성수 2017

이 책은 저작권법에 의하여 보호를 받는 저작물이므로 무단 전재 및 복제를 금지하며,
이 책 내용의 전부 또는 일부를 이용하려면 반드시 저작권자와 현북스의 허락을 받아야 합니다.

맞아, 바로 속도가 문제야

속도 경쟁 사회

황경석, 채성수 지음

머리말

맞아, 바로 속도가 문제야!

80년대 중반 다니던 은행을 그만두고 LG전자에 입사했다. 한국의 대기업들은 확장 일로를 걷고 있었고 특히 3대 가전업체들은 비약적인 성장을 거듭하고 있을 때였다. 그럼에도 불구하고 당시 일본의 전자업체들은 한국 기업으로서는 감히 넘볼 수 없는 존재였다. 해외출장을 가면 3성급 호텔에서 2인 1실로 잠을 자면서, 특급 호텔에서 재워 주는 선진 일본 업체들에 대한 막연한 부러움을 얘기하기도 했다. 제품 개발의 책임을 맡고 있는 연구소장이나 책임자들은 일본의 소니, 히타치, 마쓰시타 같은 업체를 방문해, 직급은 낮지만 연령이 높고 경험이 풍부한 엔지니어들에게 '센세이'선생님를 외치며 머리를 조아리고, 어떻게 해서든 하나라도 더 배우기 위해 자존심을 버리고 굽신거리기를 마다하지 않았다.

그때의 한국은 외국인들이 이름도 잘 알지 못하는 나라였으나, 88올림픽을 치르고 난 이후에는 조금씩 달라지기 시작했다. 해외출장을 다닐 때면 출입국 심사요원들이 여권을 보고 '코리아!'를 외치며 안다는 듯

친근한 제스처를 보여 주었고, 해외의 유명 도시에서 한국의 관광객들을 마주치는 횟수가 급격하게 늘어났다. 그러다가 90년대 중반에는 일본 업체가 점차 해볼 만한 경쟁 상대로 보이기 시작하더니, 21세기에 접어들면서 디지털혁명의 급속한 환경 변화에 편승해 삼성이나 LG가 특정 품목별로 업계를 석권하기 시작하는 '기적'이 나타났다.

삼성전자, LG전자, 현대자동차 등 글로벌 기업으로 성장한 한국의 기업들은 각각 조직문화도 다르고 차이도 많지만 크게 보면 속도경영으로 성공했다고 볼 수 있다. 일부에서 속도경영을 잘못 이해하고 속도경영의 유효성에 대해 반론을 제기하면서 대안으로 창의성, 유연성 등을 제안하기도 하지만, 아직도 많은 기업들이 여전히 속도경영을 언급하고 있다.

인류는 농업혁명, 산업혁명, 지식혁명을 거치면서 모든 방면에서 빠른 변화를 겪었으며, 시대별로 속도는 변화에 적응하거나 변화를 주도하기 위한 중요한 경쟁의 원리로 작용해 왔다.

우리는 이 책에서 속도와 전략, 속도와 기술혁신, 속도와 융합, 속도와 경영이라는 4가지 주제를 가지고 속도의 변화가 역사 속에서 우리의 삶을 어떻게 바꾸어 왔는지, 경쟁 원리로서 속도론이 어떤 의미가 있는지에 대해서 살펴볼 것이다. 아울러 어떤 조건이 갖추어져야 속도전이 성공할 수 있는지, 속도를 높이는 방법에는 어떤 것들이 있는지에 대해서도 살펴보고, 한국 기업을 글로벌 무대에 등장시킨 속도경영이 요즘 화두가 되고 있는 창의성과는 양립할 수 있는 것인지, 그리고 앞으로도 한국 기업의 경쟁전략으로서 여전히 유효할 것인지에 대해서도 함께 점검해 보고자 한다.

여기에서 다루는 내용들 중에는 다른 책자나 자료에서 언급하고 있는 것들도 여럿 있다. 우리는 기존의 많은 사례와 연구 자료에 나름대로 우리의 오랜 현장 경험을 접목해, 그 분야에 전문적인 지식이 부족하더라도 누구나 쉽게 이해할 수 있도록 경쟁 원리로서의 속도론을 경험적으로 해석하고 통합하려고 시도했다. 이 책이 치열한 현장에서 뛰고 있는 많은 젊은이들에게 조금이라도 경쟁 원리를 이해하는 데 도움이 되고 1%의 영감이라도 줄 수 있다면 큰 기쁨이고 영광이 될 것이다. 책을 집필하는 과정에 주변의 많은 도움이 있었으며, 특히 케티넥스알의 길은아 수석에게 감사의 말을 전한다.

2017년 1월
저자를 대표해서 황경석

| 차례

머리말 맞아, 바로 속도가 문제야! 4

제1장 | **속도와 경쟁력**
방향이 맞으면 빠른 자가 승리한다

속도경영은 '빨리빨리'가 아니다 17
속도전과 지구전은 상호보완적이다 20
속도는 개인과 집단의 경쟁력을 높인다 21
인류의 역사는 속도 혁신의 역사이다 22
속도에는 크기와 방향이 있다 26
손자병법, 속전속결을 말하다 28
히딩크 축구, 스피드로 무장하다 31
쇼트트랙, 민첩함과 치밀한 전략으로 정상에 서다 34
일상생활에서도 속도를 중시한다 37

제2장 **속도와 전략**
  전쟁에서 배우다

독일의 전격전 : 전략 목표를 신속하게 선취하다 41
독일의 프랑스 점령 전략, 진격전 / 마지노선을 우회하는 간접 접근전략 /
독일의 전격전 계획과 전차 개발 / 기갑부대에 소극적이었던 영국 /
보급품 부족으로 패배한 롬멜과 나폴레옹 / 공습을 막아낸 영국의
방공레이더망 / 지속적인 자원 투입의 실패, 독일 패전

기마민족과 몽골 : 통신과 병참을 갖춘 속도전으로 승리하다 65
기마술로 전투력을 높인 북방 기마민족 / 활에 대한 방어력이 우수한 고구려
개마무사 / 빠른 기동력으로 유럽을 정벌한 흉노 / 통신과 병참을 갖춘
속도전으로 대제국을 건설한 몽골 / 속도가 느린 조선의 봉수와 파발

속도전과 지구전 : 경쟁에서 이기는 본질은 같다 84
형세, 그리고 속도전과 지구전 / 국지적 속도전을 병행한 모택동의 지구전 /
중국 경제정책의 지구전 전략 / 자신만의 속도 전략, 베트남의 보 응웬 지압 장군 /
지구전과 속도전을 배합한 LG전자의 미국 시장 공략

제3장 | 속도와 기술혁신

산업혁명은 속도 혁신의 역사이다.

증기기관 : 생산 속도를 혁신하다 105

제임스 와트, 증기 기관을 혁신하다 / 풀턴의 증기선, 범선을 대체하다 / 스티븐슨, 증기기관차의 속도 혁신을 이끌다 / 기술혁신과 미국의 물류 운송 경쟁 / 기술혁신이 선도하는 새로운 속도 경쟁 시대 / 유라시아 철도 연결 사업

전기 통신 : 정보 전달 속도를 혁신하다 119

마라톤의 승전보 / 모스, 장거리 실시간 통신 시대를 열다 / 링컨 대통령, 전신국에서 작전 지휘를 하다 / 마르코니, 무선 통신의 시대를 열다 / 양방향 통신의 완성, 전화의 발명 / 전화 보급을 획기적으로 확대시킨 자동 전화교환기

제4장 | 속도와 융합
융합은 속도의 효율을 높인다

초고속 인터넷 : 컴퓨터와 통신이 융합하다   137

슈퍼컴 : 대규모 고속 연산으로 과학혁명을 이끌다   140
슈퍼컴과 힉스 입자의 발견

스마트폰 : O2O 서비스 속도를 혁신하다   147
O2O 서비스와 배달 앱

사물인터넷 : IT와 사물의 융합으로 스마트 사회를 열다   152

인공지능 : 경험을 전수받고 스스로 학습하다   155

빅데이터 : 사회적 자원의 운영을 효율화하다   158

클라우드 컴퓨팅 : 새로운 공공재가 되다   163

전통 산업과 IT의 융합 : 통찰력이 핵심이다   167

제5장 **속도와 경영**
속도는 기업의 새로운 경쟁 원리다

노키아의 몰락 : '이카루스 패러독스'에 빠지다 175

일본 전자기업 : 'NIH 신드롬'에 발목 잡히다 180
소니, 자기 교만에 빠지다 / 파나소닉, 타이밍을 놓치다 /
콩코드 오류, 실패한 초음속 항공기

삼성전자 : 혁신과 속도경영으로 글로벌 일등이 되다 191
글로벌 동시 런칭 속도전, 삼성 보르도 TV / 패스트션 강자가 된 자라ZARA /
강점을 선택하고 집중하는 속도전, 삼성 휴대폰 / 고객가치를 우선하는 속도전,
갤럭시노트7의 교훈 / 새로운 속도전 전략에 대한 요구

린스타트업과 애자일 : 근본에 집중하는 속도 전략으로 승부하다 211
린스타트업, 제품의 핵심 가치에 집중한다 / 애자일 방식, 핵심 기능에 집중해
속도를 올린다 / 타이밍의 실패, 신기술 다이얼패드와 뉴턴 PDA

속도 전략 : 방향, 타이밍, 자원 집중이 핵심이다 221
손정의, 큰 전략 방향에 맞춰 담대하게 / 델컴퓨터, 환경 변화 대응 속도에서
희비가 엇갈리다 / 속도경영의 성공 조건 / 카니발라이제이션과 속도경영

| 제6장 | **미래 경영**
| | 속도경영에 길이 있다

실행 속도를 높이자 : 단순함과 정합성 **241**
손자의 치중여치과治衆如治寡, 투중여투과鬪衆如鬪寡

혁신은 속도 경영의 엔진이다 : 경쟁 방식의 혁신 **246**
6개월 만에 완성한 삼성전자 반도체 공장

리더는 통찰력을 가져야 한다 : 리더의 혁신 마인드 **249**

고객가치를 중시하자 : 속도 경영에 대한 오해와 진실 **252**
소프트파워와 속도경영 그리고 창조경제

속도경영에서 길을 찾자 : 한국 기업의 경쟁력 **260**

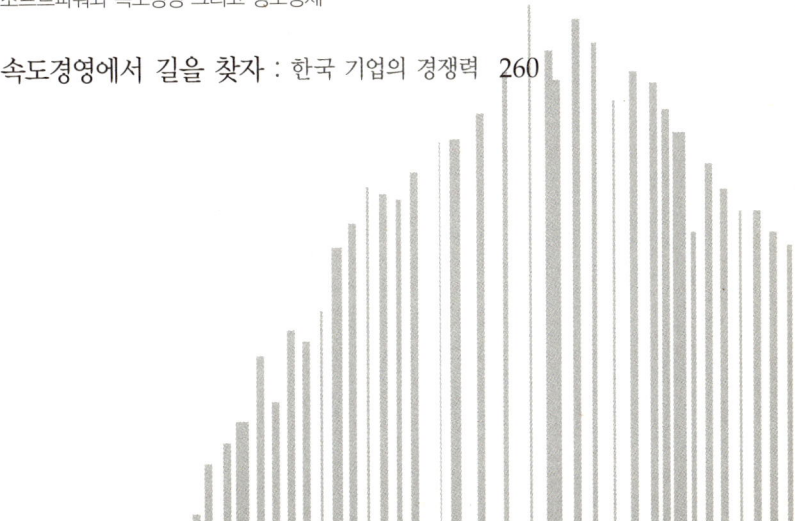

제 1 장

속도와 경쟁력

방향이 맞으면 빠른 자가 승리한다

>>
속도경영은 '빨리빨리'가 아니다

현대 사회는 갈수록 속도를 중요시한다. 앨빈 토플러Alvin Toffler는 "지구촌은 이제 더 이상 큰 것과 작은 것으로 구분되지 않고 빠른 자와 느린 자로 나누어질 것이다. 그리고 빠른 자가 승리할 것이다."라고 했다. 미국의 언론인이며 칼럼니스트인 토마스 프리드만Thomas L. Friedman은 그의 저서 《평평한 세계The world is Flat》에서 아프리카 초원의 사자와 가젤 이야기를 통해, 가젤이 사자보다 더 빠르지 못하면 잡혀 먹히고 사자가 가젤보다 더 빠르지 못하면 굶어 죽는다고 하면서, 개인 및 집단의 무한경쟁 속에서 속도의 중요성을 설파한 바 있다.

최근 20년간 한국 기업은 세계를 무대로 비약적인 발전을 했다. 국내는 물론이고 해외에서도 한국 기업의 경영 비결에 대한 관심이 고조되었고, 해외 언론들도 한국 기업의 성공 사례를 다루면서 한국 특유의 속도경영에서 그 답을 찾았다. 삼성전자, 현대자동차, LG전자, 포스코 등의 성공 사례가 단골 소재가 되었으며 특히 삼성전자의 속도경영은 널리 소개되었다. 2004년 12월 20일 뉴스위크지는 '디지털 마스터즈'라는 기사에서 "아시아를 디지털시대 최전선에 서게 한 원동력은 속도이고, 삼성전자는 경영의 속도를 계속 높여온 결과 지난 10년간 소니 등을 모방하는 수준에서 벗어나 전 세계에서 가장 수익성 높은 가전제품 기업으로 발돋움했다."며 삼성전자의 성공 비결은 속도경영에 있다고 분석한 기사를 게재해 이목을 끌기도 했다.

반면에 2010년 이후 한국 기업들이 그간 경쟁 우위를 가지고 있던 ICT Information & Communication Technology 정보통신 기술, 자동차, 조선업 등에서 중국의 급속한 추격으로 위협을 느끼는 한편, 애플과 구글 등이 새로운 생태계를 구축하고 과거와는 전혀 다른 게임룰 Game Rule을 만들어 업계를 석권하는 것을 보게 되었다. 일각에서는 한국 특유의 '빨리빨리' 문화로 연상되는 속도 추구의 부작용을 경고하고, 속도경영의 유효성에 반론을 제기하는 사람들도 적지 않게 생겨났다. 그들은 한국의 '빨리빨리' 문화는 부실과 편법을 초래하게 마련이며, 정보화시대, 지식경영의 시대를 맞아 상명하복식의 획일적인 문화를 요구하는 속도경영은 더 이상 맞지 않는다고 주장한다.

실제로 한국 기업들은 어떠한 경영 화두를 가지고 무엇을 추구하는지 알아보기 위해 최근 2년간의 신문기사를 검색해 보자. '경영복귀 최태원 회장의 속도경영', '삼성물산 패션부문, 이서현 사장 취임 후 속도경영 선포', '신한카드, 조직 개편해 속도경영 강화', '하이트진로, 소통을 통한 본격적인 속도경영 박차', '박현주 미래에셋 회장, 속도경영시대, 영업과 현장 중심', 'SK텔레콤, 산적한 과제 속도경영으로 정면 승부' 등으로 우리가 이름만 들으면 아는 대부분의 기업들이 모두 속도경영을 외치고 있다. 그러나 기업들이 얘기하는 내용을 구체적으로 들여다보면, 대부분 의사 결정을 빨리 하고, 회의와 보고 시간을 줄이며, 업무 처리속도를 높이겠다는 것이다. 하지만 속도경영을 단순히 의사 결정을 빨리 한다든가, 일을 신속히 처리하는 것으로 이해하면 안된다.

현대 사회는 디지털혁명, 정보혁명으로 국경이 무너지면서 경쟁 환경이 글로벌 무한경쟁으로 바뀌었다. 기술 발전 속도가 빨라지고 그에 따라 소비자 기호도 급변하고 있다. 속도경영은 이러한 환경 변화에 대한 대응력을 높여서 경쟁 우위를 확보하려는 전략으로서, 사업의 기회를 먼저 예측해 선점하고, 경영 프로세스 실행을 빨리 해 경쟁사보다 먼저 제품과 서비스를 제공하려는 것이다. 과거 경영이론에서 품질, 규모, 원가 등을 중시해 왔다면, 최근에 시간이 또 다른 경쟁 변수로 등장함에 따라 그 중요성을 인식하게 된 경쟁 원리이다. 속도경영에 대한 일각의 반론이나 위에서 보도된 내용들은 모두 속도경영을 단편적으로 이해하는 데서 오는 오해라고 할 수 있다.

>>
속도전과 지구전은 상호보완적이다

　속도를 중심축으로 한 전략 개념에는 속도전과 지구전이 있다. 흔히 속도전과 지구전을 대립적인 개념으로 이해하지만 사실은 둘은 상호보완적인 개념이다. 장기적으로 지구전을 펼치지만 국면에 따라서는 때때로 속도전을 구사해야 하고, 전체적으로는 속도전을 전개하지만 상황에 따라 지구전을 운용해야 경쟁자를 제압하고 목표를 달성할 수 있다.

　모택동은 중일전쟁 때 전력이 월등한 일본과 전쟁을 수행하기 위해 3단계의 지구전 전략을 주장했다. 1단계는 일본이 공격해 오면 중국은 방어에 치중하고, 2단계는 일본이 보수적인 전략을 전개하면 중국은 반격을 준비하면서 유격전으로 대응하고, 3단계는 중국이 진격하고 일본이 수비하는 시기이다. 아울러 1단계와 2단계에서도 주도적이고 민첩하면서, 계획적으로 '방어전 중의 진공전進攻戰, 공격전을 의미', '지구전 중의 속도전'을 수행해야 한다고 구체적인 전략방침을 제시했다. 중국은 이와 같은 전략으로 8년에 걸쳐 일본군의 전력을 소모시키고 결국 패퇴시켰다. 이러한 관점에서 보면, 속도경영은 필요에 따라 속도의 완급을 조절하고 속도전과 지구전을 상황에 맞게 자유자재로 변주해 운용하는 것으로, 궁극적으로는 속도전과 지구전을 모두 아우르는 통합적 개념인 것이다.

〉〉 속도는 개인과 집단의 경쟁력을 높인다

속도의 변화는 거리에 대한 인식을 변화시키고, 공간의 제약을 해소해 시간에 대한 개념을 변하게 한다. 공간과 위치가 소멸되면서 정보의 비대칭성도 크게 축소되어 기회의 균등화가 촉진되는 한편, 생활의 리듬은 빨라지며 경쟁 강도는 높아지고 여유는 없어지면서 시간과 속도는 관리해야 할 대상이 된다. 한 방면의 속도 변화는 또 다른 방면의 속도 변화를 촉진하고 상호 연속적으로 연쇄반응을 일으키면서 속도의 변화를 가속화한다.

속도는 개인과 집단의 경쟁력을 높인다. 급변하는 경쟁 환경에서는 빠른 자가 승리한다. 역사적으로 살펴보면, 기마부대를 주력으로 하루에도 수백 Km을 주파한 몽골군, 험준한 알프스를 넘어 승리한 한니발Hannibal, BC247~BC183과 나폴레옹, 제2차 세계대전 당시 북아프리카를 종횡무진했던 독일의 롬멜 기갑사단 등 우리에게 알려진 속도전의 성공 사례는 수없이 많다. 뿐만 아니라 기업 경영에서도 신제품 개발과 마케팅에서 속도전을 펼쳐, 채 20년도 안 되는 짧은 시간에 글로벌Global 일등 기업이 된 삼성전자, 초고속 인터넷망 사업에서 일본의 거대 통신기업인 NTT에 도전해 성공하고 수많은 인수합병M&A을 통해 오늘의 소프트뱅크를 키워 낸 손정의 회장 등, 속도를 전략적 레버리지Leverage로 해 성공한 경우를 많이 찾아볼 수 있다.

인류의 역사는 속도 혁신의 역사이다

인류 역사의 발전 과정을 이해하는 데는 여러 관점이 있을 수 있다. 부를 창출하는 원천이 무엇인가를 기준으로 볼 때, 인류는 농업혁명, 산업혁명, 정보혁명을 거쳐 이제는 아는 것이 힘이 되는 지식과 지능을 통한 기술의 융합시대에 들어서 있다. 이러한 시대의 변화는 관점을 바꾸어 보면 도구와 인프라의 발달과 함께 끊임없이 삶의 속도가 빨라지는 방향으로 발전해 왔다고 볼 수도 있다.

인류의 역사에서 속도의 파괴적 혁신을 가능케 한 것은 무엇일까? 여러 가지가 있지만, 그 중에서도 특히 중요한 역할을 한 것은 아마도 바퀴와 기어, 증기기관, 그리고 종이와 인쇄술과 반도체의 발명이 아닐까 생각한다. 바퀴와 기어, 증기기관의 발명으로 사람들의 이동과 물자의 운송 속도가 비약적으로 개선되었고 상품의 생산량이 급속하게 증가되었으며, 종이와 인쇄술, 그리고 반도체의 발명으로 정보처리 및 유통 속도가 기하급수적으로 빨라졌기 때문이다.

또한 이동 수단과 유통 수단의 발전에 맞추어 하부구조인 길이 건설되었다. 로마제국이 건설한 도로는 물론이고 독일의 아우토반과 같은 고속도로, 최근 20여 년 간의 데이터 전송을 위한 유무선 정보 고속도로인 초고속 네트워크의 구축이 바로 그것이다. 어떤 철학자가 '역사적으로 길의 발달을 추동하는 힘은 인간의 속도 의지'라고 했다던가? 인간은 새로운 세계와 소통하기 위해 길을 만들고 길의 발달로 세계는 더욱 긴밀하게 연결되었다. 사람과 물자의 이동은 새로운 세계를 경험하게 해 주었고, 생산 속도의 증가 즉 생산력의 혁신은 인류에게 비약적인 물질적 풍요로움을 가져다 주었으며, 정보의 신속한 유통은 새로운 지식을 쉽게 접하고 확대재생산할 수 있게 해 주었다.

바퀴는 처음에는 도자기를 빚는 물레를 돌리기 위해 만들어졌는데, 후에 세 조각의 두꺼운 판자를 맞추어 연결대를 대고 구리 못을 박아 만든 형태로 진화되어 수레바퀴로 이용했다고 한다. 기원전 3500년경 메소포타미아 지역에서 발견된 통나무를 납작하게 잘라 만든 원판 형태의 전차용 바퀴는 이후 무게를 가볍게 하기 위해 통나무에 구멍을 뚫고 바퀴살을 추가하는 형태로 발전했고, 그 결과 무게가 가벼워져서 구르는 속도가 빨라지고 충격도 흡수되어서 안정감이 높아졌다. 이렇게 속도의 혁신이 일어나면서 바퀴살 바퀴를 장착한 마차와 전차는 운송력과 전투력 측면에서 이전과는 비교할 수 없는 가공할 파괴력을 갖게 된다.

기어는 동력을 전달하는 기계장치로서 고대 그리스 때 아리스토텔레스가 지은 책에 이미 기어에 대한 기록이 있고, 아르키메데스도 당시에 기어에 대해 상당한 지식을 가지고 있었다. 중세에 들어서면서는 기계식 시계를 만들면서 기어가 발전되었고, 레오나르도 다빈치는 다양한 기어를 고안해 기어 역사에 괄목할 만한 성과를 남겼다. 17세기 후반부터 기어의 치형에 대한 이론적 연구가 시작되었고, 18

세기 산업혁명 이후 내연기관이 발명되면서 기어는 동력 전달을 위한 매우 중요한 기계적 요소가 되었다.

증기기관의 발명은 인류 역사의 시대를 구분하는 이정표이다. 증기기관이 점차 인간의 육체노동을 대체하면서, 사람들은 육체노동보다는 정신 활동에 더 큰 가치를 두게 되었다. 또 증기기관을 활용함에 따라 공장에서도 사람의 노동력에 의한 생산보다 더 빠르게 대량 생산할 수 있게 되었다.

증기기관은 또한 기차와 선박에 활용되어 사람들과 물자 운송의 혁신을 이루어 냈다. 1930년대부터 증기기관차에서 디젤기관차로 기관차의 지위가 넘어간 이후 디젤기관차가 승승장구하나 싶더니, 이제 여객용 기관차는 소위 고속열차라고 하는 전기 구동형 열차로 바뀌고 있다.

지식과 정보의 전달을 촉진시키는 데는 종이와 인쇄술, 반도체 그리고 인터넷의 발명이 큰 기여를 했다. 서기 105년 중국의 후한 시대에 채륜이 종이를 만드는 제지술을 발명하기 전에는, 유럽에서는 양의 가죽으로 만든 양피지를 사용하고 동양에서는 죽간과 같은 나무껍질이나 비단을 사용해 기록을 남겼다. 양피지로 책 한 권을 만들려면 새끼 양 수십 마리가 소요되었으므로 비용이 비싸고, 부피도 커서 보관이 어려웠다. 그래서 일부 제한된 계층만 그 기록에 접근할 수 있었다. 그러나 제지술의 발명으로 종이가 대량으로 생산이 되고, 나중에 목판인쇄술 및 금속활자가 나오면서 대량으로 책을 인쇄할 수 있게 되었다. 그 결과 지식과 정보의 전달 및 유통 속도가 빨라지고,

지식은 성직자와 소수 귀족들의 전유물에서 벗어나 많은 사람들이 접할 수 있도록 보급이 확대되었다.

　반도체가 발명되기 이전까지 전자회로를 구성하는 핵심 소자는 진공관이었는데, 반도체의 등장으로 정보를 처리하고 저장하고 전달하는 기술에 큰 변화가 일어났다. 막대한 양의 정보를 짧은 시간 내에 빠르게 주고받을 수 있고, 어디서든 사용이 가능하고, 휴대가 손쉬운 기기를 만들어 낼 수 있는 초소형 소자를 확보하게 된 것이다. IC Integrated Circuit, 집적회로와 광전소자 Optoelectronic Device가 실용화됨에 따라 컴퓨터 및 정보통신 기술은 급속도로 발달하고, 그로 인한 인터넷의 발명은 전 세계를 동일한 시공간에 놓이게 했다.

　이와 같이 과학의 발전과 기술의 혁신에 따라 괄목할만한 속도 혁신이 이루어졌지만, 누구도 현재에 만족하지 않고 속도 혁신을 위한 긴 싸움을 지속하고 있다. 특히 기술의 융합으로 과거와는 비견할 수 없는 방식이나 창의적인 새로운 방식으로 혁신을 하려는 시도가 많아지고 있기 때문에 미래의 속도 혁신을 현재의 생각으로 가늠한다는 것은 불가능할 수도 있다. 그래도 분명한 것은 속도 혁신을 향한 인류의 노력은 끊임없이 계속될 것이라는 점이다.

>>
속도에는 크기와 방향이 있다

　속도에 대한 체계적인 이해를 얻기 위해 물리학에서 속도를 어떻게 정의하는지 구체적으로 살펴보자. 예전부터 물리학에서의 속도는 가장 기본적인 연구 대상이었다. 그렇기 때문에 과학적 연구 성과의 깊이도 아주 깊다.

　속력Speed은 거리를 시간으로 나눈 것이다. 즉 **s=vt**이고 **v**는 속력, **s**는 거리, **t**는 시간을 나타낸다. 그리고 속력과 방향Vector 벡터을 나타내는 물리학적 양 즉 변위차를 속도Velocity라고 한다.

　예를 들어 한 시간 동안 서울에서 수원까지 100km를 갔다가 다시 한 시간 동안 수원에서 서울 출발 지점까지 100km를 돌아왔다면, 속도는 0으로 계산되고 속력은 100km/h로 계산된다. 속도가 0인 이유는 2시간 동안 이동한 거리인 물리학의 변위가 제자리(0) 즉 하나도 없기 때문이다. 물리학의 속도 개념에 따르면 상대편보다 속도가 빠르면 같은 시간 내에 더 많은 거리를 갈 수 있다거나 동일한 거리를 더 짧은 시간에 갈 수 있다고 얘기할 수 있다

　세기의 물리학자인 아이작 뉴턴Isaac Newton, 1642~1727의 중력 제2법칙에 의하면 힘은 물체의 속도를 가속시킨다. 속도가 시간에 따라 빨라지지 않는다면 가속도Accelaration는 '0'이 된다. 그러나 시간이 지남에 따라 속도가 빨라지면 가속도가 높아진다. 가속도와 힘은 비례한

다. 이것을 F=ma 로 표기하는데 F는 힘의 크기를 나타내고, m은 물체의 질량, a는 가속도이다. 같은 질량에 가속도가 빠르면 더 많은 힘을 갖고 있다고 얘기할 수 있다. 권투선수가 경기할 때, 천천히 툭툭 치는 펀치보다 강한 임팩트로 빠르게 펀치를 날릴 때가 더 아프고 충격이 심하다. 물리학의 법칙에 따르면 빠른 가속도를 갖고 있는 펀치가 충격을 더 크게 주는 것이다.

아인슈타인Albert Einstein, 1879~1955의 물리학 이론에서도 속도에 대한 내용을 살펴볼 수 있다. 아인슈타인은 상대성이론에서 $E=mc^2$라고 했는데, E는 에너지, m은 물체의 질량, c는 빛의 속도다. 아인슈타인의 이 방정식에 따르면 질량과 에너지는 비례하므로, 질량이 커질수록 에너지도 커지게 된다. 즉 에너지와 질량은 궁극적으로 같다는 의미이다. 이를 에너지-질량의 등가성이라고 한다.

뉴턴의 중력법칙에 따르면 상대편에게 강한 충격을 주기 위해서는 빠른 속도를 이용해서 대응해야 한다. 한편 아인슈타인의 상대성이론에서는 에너지가 상대보다 많으려면 더 무거운 질량을 갖고 경쟁해야 한다. 우리의 현실 세계에서 생각해 보면 질량은 투입 자원이라고 할 수 있다. 동일한 속도를 갖는 쌍방이 경쟁할 때 승리하는 쪽은 자원을 더 많이 투입하는 쪽이다. 동일한 투입 자원으로 대결한다면 속도가 더 빨라서 임팩트를 크게 줄 수 있는 쪽이 승리한다.

이와 같이 속도에 관련된 물리학 이론을 우리의 사회 현실에 적용하면, 기업 경영 역시 방향과 목표를 갖고 있어야 하며, 속도가 빠르고 투입 자원이 클수록 강한 임팩트를 줄 수 있다는 것을 알 수 있다.

>>
손자병법, 속전속결을 말하다

손자는 지금부터 약 2500년 전인 기원전 6세기 중국 춘추시대 사람이다. 원래 제나라 사람이었는데, 제나라에서 내란이 일어나자 오나라 왕 합려를 찾아가 오나라의 장군이 되었다. 손자는 서쪽의 초나라와 다섯 번 싸워 모두 이기고, 제나라와 진나라 등 북쪽의 강국들을 굴복시켜 합려를 패자가 되게 했다.

손자는 그의 저서 《손자병법》에서 '병문졸속兵聞拙速'이라 해 속전속결을 주장했다. 《손자병법》에 따르면, 전쟁을 하려면 전투용 말이 끄는 전차 수천 대, 수송용 수레 수천 대, 무장한 병사 수십만 명을 출동시켜야 하고, 천 리나 떨어진 전쟁터까지 군량미와 물자를 수송해야 한다. 이렇게 병력을 유지하고 무기와 군수 물자를 조달하고 관리하며, 각종 외교 활동을 하기 위해서는 막대한 전쟁 비용이 들어간다. 그러므로 전쟁이 장기화되면 국가의 재정이 바닥나고, 전쟁 물자가 부족해져 전쟁을 수습할 수 없게 된다. 승리한다 하더라도 이러한 전쟁 비용의 부담은 국가를 휘청거리게 할 수도 있다고 했다.

손자는 전쟁의 막대한 비용과 폐해를 잘 알고 있었으므로 기본적으로 전쟁에 신중한 신전론자愼戰論者였다. 《손자병법》의 '고병문졸속 미도교지구야故兵聞拙速 未睹巧之久也'는 '옛말에 전쟁을 할 때에는 졸렬하더라도 빨리 끝내야 한다는 말은 들었어도, 교묘한 술책으로 오래 끄는 것이 좋다는 말은 들어보지 못했다'는 뜻이다. 다시 말해 여러 가지 문제를 많이 발생시키는 장기전은 피하고 빠르게 공격해 단기간 내에 전쟁을 끝내라는 것이다.

당시 대부분의 국가 간 전투가 중국의 중원지방인 평야에서 이루어졌기 때문에 말이 끄는 전차를 이용한 전투가 일반적인 전쟁의 양상이었다. 쌍방의 전차가 평야에서 대열을 제대로 갖춘 후에야 싸우기 시작했고, 상대편의 전열이 무너지면 그것으로 전쟁의 승패가 났다. 또 쌍방에서 지정한 대표 장군들 간의 결투로 싸움의 승패가 결정되기도 했다. 전쟁에서 신사도 같은 예절이 있었다고 할 수 있다.

손자가 군사를 할 당시의 오나라는 중국 중원의 남쪽 변방에 있는 오랑캐로 취급을 받았다. 때문에 중원의 주류 국가들은 오나라를 미개한 나라로 인식했다. 오나라가 있던 양자강 하류 지역은 지반이 약해 말이 끄는 전차가 기동하기에는 무리가 있었다. 이에 전차전에 의한 전투보다는 보병에 의한 전투에 능해 보병 위주의 군대를 양성했다. 오나라의 보병 중심의 군대는 당시 춘추시대의 다른 나라의 전차 중심의 군대와는 사뭇 다른 전략을 쓸 수 있었다. 보병은 전차보다 습지전이나 산악전에도 능했으며, 전차보다는 험한 지역으로 기동하는 데에도 유리했다. 또 당시의 주류 전투 방식과는 다르게, 비신사적인 전쟁으로 생각했던 은폐 기동과 험지에서의 기습전에도 능란하게 적응할 수 있었다.

손자는 《손자병법》 7편인 〈군쟁軍爭〉에서 적군과의 싸움에서 승리를 결정하는 조건을 미리 선취해야 한다고 했다. 손자가 말한 전쟁 승리를 결정짓는 조건은 전술상의 요충지에 먼저 도착해 점령하고, 적보다 먼저 유리한 지형에 병력을 배치하며, 적의 약점을 파악해서 선제공격하는 것이다. 攻其不備 出其不意, 적이 대비하지 않은 곳을 공격하고 예상하지 못한 곳에서 나타난다. 손자는 아군의 의도를 숨기는 기만술로 적군을 헷갈리게 하고, 병력의 분산과 집중을 빠르게 바꾸는 전법을 사용하라고도 했다.

보병 위주의 속도 중심 전쟁에 힘입어 오나라 왕 부차는 춘추시대의 리더인 패자霸者가 되었다. 춘추시대 이후의 전국시대에는 대부분의 나라가 오나라와 같은 보병 중심의 속도전략을 쓰게 되면서, 중국의 전쟁 양상이 대규모 보병을 동원하는 보병전으로 바뀌게 되었다.

손자가 속전속결을 주장한 것은 전쟁의 피해를 인식하고 가능하면 전쟁을 피하되 불가피할 경우 빨리 끝내라고 한 것이지만, 결과적으로는 속전속결의 전술적 이점과 운영 원칙에 대해서 설파한 셈이다.

>>
히딩크 축구, 스피드로 무장하다

축구처럼 정해진 시간 내에 두 팀이 겨루어 점수를 많이 내는 구기 종목에서 운영되는 전략 중에 속공과 지공이 있다. 속공이란 상대팀이 미처 수비 태세를 갖추기 전에 민첩함과 속도의 우위를 내세워 상대 진영을 교란하는 플레이이고, 지공작전은 상대팀이 수비 라인을 다 갖추고 있을 때 볼을 점유하고 공격 타이밍을 늦추면서 상대 팀의 선수들을 끌어내어 공간을 창출하려는 것이다. 강한 팀은 상황에 따라 속공과 지공을 적절히 구사하고 자유자재로 변환시켜 경기의 흐름을 주도함으로써, 상대팀의 템포를 무력화하고 집중력을 떨어뜨리며 실수를 유도한다.

한국에서 제일 인기가 있는 구기 종목인 축구의 역사에서 기념비적이었던 2002년 한일월드컵 대회 때 한국 국가대표팀의 속도전에 대해 살펴보자. 당시에 한국 대표팀은 4강에 들어가는 기염을 토했다. 선진 축구팀과의 경기에서 제대로 싸워 보지도 못하고 우왕좌왕하다 패하는 한국 축구의 고질적인 병폐를 해결하고, 월드컵에 출전한 선진 축구대표팀과 대등한 경기를 벌이며 얻은 값진 성과였다. 이것은 히딩크 감독이라는 걸출한 리더의 전략과 전술, 그의 압박 축구를 실행하는 우리 선수들의 빠른 속도와 체력이 있었기 때문에 가능했다.

히딩크 감독이 부임하기 전 한국 축구는 부실하기 짝이 없었다. 주최국으로서 본선행 티켓을 따 놓았지만 객관적인 전력은 FIFA 50위 수준이었다. 반면에 국민의 기대는 아주 높아서 월드컵 16강 진출을 바라고 있었다. 당시 히딩크 감독은 국민의 기대와 한국 대표팀의 전력과의 괴리를 잘 알고 있었기 때문에 과감한 개혁을 통해 한국 축구를 새롭게 만들어야만 했다. 이에 체력과 스피드를 바탕으로 한 압박축구로 월드컵 16강에 들어간다는 비전을 제시했다.

당시 한국 축구의 가장 큰 문제는 개인기와 체력의 부족이었다. 축구에서 개인기는 오랜 시간에 걸친 훈련을 통해 개인에게 내재화되고 다듬어지기 때문에, 선수마다 개인차가 심하고 짧은 시간에 수준 높은 개인기를 만들어 내는 것은 어려운 일이었다. 그나마 체력은 짧은 시간 내에도 체계화된 훈련과 연습으로 유럽 선수와 비교해도 떨어지지 않도록 향상시킬 수 있었다.

히딩크 감독은 부임하자마자 대표팀 선수들에게 강한 체력 훈련을 요구했다. 함께 부임했던 피지컬 트레이너Physical Trainer 레이먼드 베르하이엔Raymond Verheijen은 셔틀런Shuttle Run이라는 왕복달리기 운동으로 한국 대표팀의 체력 훈련을 집중적으로 시켰다. 그를 저승사자라고 부르는 이유가 여기에 있다. 히딩크 감독은 셔틀런 후에는 4~5명이 참여하는 미니 축구를 훈련시켜 체력의 안배에도 힘을 쏟았다. 훈련의 성과가 어느 정도 나타나자, 체력과 스피드를 겸비한 한국 축구 대표팀은 과거와는 다르게 거친 몸싸움에서도 잘 쓰러지지 않고, 공격과 수비 전환이 빠르게 되면서 상대가 공을 잡으면 여러 명이 달라

붙어 상대를 압박하는 스타일로 변모했다.

2002년 한일월드컵 개막을 앞두고 한국과 프랑스와의 친선경기가 있었다. 이 방송을 중계한 유명한 축구 해설가는, 프랑스 선수가 공을 잡으면 한국 선수들이 하이에나처럼 에워싼다고 설명했다. "0.1초면 1m 밖에서 다가온다. 1초를 머뭇거리면 8m 밖에서도 다가온다. 일단 공을 잡으면 주변은 한국의 하이에나로 들끓는다."라고 표현했다. 경기가 끝나고 로저 르메르Roger Lemerre 프랑스 감독은 인터뷰에서 "한국에게 체력에서 밀렸다는 점을 인정한다. 체력의 중요성을 실감했다."라고 실토했다. 월드컵을 앞두고 프랑스와의 친선경기에서 체력을 기반으로 한 빠른 공수 전환의 한국의 압박 축구가 완성되었음을 증명한 것이다.

히딩크 감독이 한국 월드컵 대표팀에 적용한 축구 전술을 토탈 싸커Total Soccer라고 하는데, 이 전술의 핵심은 모든 선수가 공수 전환을 빠르게 해서 상대방이 침투해 들어오면 수적 우위로 상대를 에워싸는 압박 축구이다. 만약 선수들의 체력과 속도가 보장되지 않으면 공격진과 수비진 간의 간격이 넓어지고 이 공간으로 상대편이 들어올 수 있으므로 쉽게 골을 내주게 된다. 그러나 한국 축구대표팀은 이미 이러한 전술을 적용할 수 있을 정도의 체력을 잘 갖추고 있었기 때문에 유럽의 강호들을 차례로 이기고 본선 4강까지 오를 수 있었다.

쇼트트랙, 민첩함과 치밀한 전략으로 정상에 서다

이번에는 구기 종목과는 다른 사례로 쇼트트랙에서의 속도에 대해서 알아보자. 쇼트트랙은 동계 올림픽에서 지금까지 나온 전체 메달 중에서 30%을 한국이 가져올 만큼 한국의 메달밭이라고 불린다. 쇼트트랙은 111.125m의 트랙을 빠른 스피드로 스케이팅해 순위를 정하는 경기이다. 쇼트트랙은 역사가 길지 않은 편인데, 1992년 프랑스의 알베르빌 동계 올림픽에서 처음으로 정식 종목이 되었다. 스피드스케이팅이 기록을 다투는 경기라면 쇼트트랙은 순위를 다투는 경기이다. 따라서 상대 주자의 지능적인 진로 방해를 돌파하기 위한 체력과 코너링에서의 순발력과 유연함을 갖추어야 한다.

한국 선수들은 강한 파워를 가진 서양 선수들에 비해서 순발력과 유연성이 좋고 상대 주자를 추월하는 코너링 기술이 월등하게 좋다. 예를 들면 1992년 프랑스 알베르빌 동계 올림픽에서 김기훈 선수는 상대 주자의 허를 찌르는 특이한 추월 방법으로 우승을 했는데, 일명 '호리병기술'이라고 불리는 주법이었다. 김기훈의 호리병기술은 직선 코스에서 코너링을 시작할 때 바깥 코스에서 상대 주자의 빈틈을 노려 안쪽 코스로 들어갔다가 다시 바깥 코스로 나오는 모습의 스케이팅 방법이다. 그는 5000m 남자 계주의 마지막 코너링에서 이 주법으로 선두로 들어오던 캐나다를 제치고 금메달을 차지할 수 있었다.

2002년 몬트리올 세계 쇼트트랙 선수권대회 1500m 결승에서는, 김동성 선수가 월등한 체력을 바탕으로 상대 선수들이 감히 생각하지 못한 작전을 써서 한 바퀴 반을 앞서 들어와 금메달을 거머쥐었다. 이렇게 2위와 압도적인 격차를 벌리고 1위를 차지한 것에 대해 언론에서는 '분노의 질주'라고 불렀는데, 그 이유는 몬트리올 대회 직전에 열린 솔트레이크 동계 올림픽에서 김동성이 1위로 결승선을 통과하고도 석연치 않은 실격 판정으로 미국의 안톤 오노에게 금메달을 빼앗겼던 통한의 경험이 있었기 때문이다.

　쇼트트랙 장거리경기에서는 초반에 빠른 스피드로 달리면 경기 중반 이후에는 힘이 빠져서 상대방을 추월하기 힘들다. 따라서 상대 선수들과의 눈치싸움을 벌여 가며 체력을 유지하면서 선두권을 확보하다가, 후반에 초스피드로 결승을 통과하는 작전이 대부분이었다. 하지만 김동성 선수는 한 바퀴를 돌 때 쯤 갑자기 빠른 스피드로 치고 나가서 다른 선수들을 한 바퀴 반을 제치고, 경기가 끝날 때까지 그 속도를 유지하면서 결승선을 통과했다. 그때까지 1500m에서 초반부터 이렇게 초스피드로 스케이팅해 상대 선수를 따라 잡은 사례가 없었기 때문에, 상대 선수들은 모두 2위 싸움에 몰두할 수밖에 없었다.

　2002년 솔트레이크시티 동계 올림픽 쇼트트랙 여자 3000m 계주에서는, 선두 탈환을 위해 두 바퀴 돌고 선수를 교대하는 작전을 써서 상대의 허를 찔렀다. 계주에서는 보통 1.5바퀴를 돌고 선수를 교대한다. 그런데 한국 여자팀은 선두인 중국을 쫓는 2위 자리를 유지하다가, 경기 후반부에 중국이 1.5 바퀴를 돌고 선수를 교체하는 틈을 타서 교대 없이 그대로 달려 두 바퀴에서 선수를 교대하면서 선두를 탈환해 마지막까지 선두를 유지하며 승리했다. 이 작전의 성공으로 당시 한국보다 한 수 위로 평가되는 중국을 제치고 금메달을 목에 걸 수 있었다. 두 바퀴 선수교대 작전은 상대보다 속도는 조금 느렸지만 상대의 허를 찌르는 순간의 민첩함을 무기로 이길 수 있었던 작전이었다.

한국이 쇼트트랙에서 유독 강한 면모를 보이는 이유는 무엇일까? 우선 유망한 어린 선수들을 체계적으로 육성하고 있고, 선수층이 두터워 치열한 내부 경쟁을 통해 우수한 선수들을 발굴하고 있기 때문이다. 또한 민첩함으로 상대적 우위를 점하기 위해 독창적이고 선진적인 스케이팅 기술을 개발해 적용했기 때문이다. 한국의 코너링은 이미 세계적으로 독보적인 기술 역량을 갖고 있다. 속도를 늦추지 않기 위해 한쪽 날만으로 코너링하는 외다리주법, 날들이밀기, 바깥돌기 등과 같은 신기에 가까운 기술을 개발했고 계속 진화해 가고 있다. 그리고 매번 상황에 따른 변수를 고려해 속도전에서 우위를 가질 수 있는 독보적인 전략을 선보였다.

>>
일상생활에서도 속도를 중시한다

일상생활에서 속도는 다양한 의미로 사용된다. 속도가 어떤 의미를 내포하던 간에 속도라는 단어는 빨라야 한다는 압박감으로 느껴지기도 한다. 자기든 남이든 일의 처리 속도가 빠르면 일을 잘하는 것 같으면서 영리한 것처럼 느껴지고, 늦으면 게으르면서 뭔가 문제가 있는 것 같이 느낀다.

전자 제품은 일반적으로 속도가 빠른 것을 더 우수하다고 여긴다. 1990년대의 PC에서 돌풍을 일으켰던 인텔 386 CPU에 이어 나온 486 CPU는 속도가 더 빨랐다. 사람들은 더 빠른 컴퓨터가 나오면 새로 구입해야 직성이 풀리고 뭔가 선도적이면서 일등이 된 기분이 들었다. 하지만 지금은 그때보다 훨씬 더 빠른 CPU를 장착한 PC를 사용한다. 통신사도 LTE 속도가 누가 더 빠른지를 가지고 광고를 한다. 한국을 포함한 세계 각국의 전자회사는 해마다 성능이 향상된 스마트폰을 개발하고, 전 세계의 많은 소비자들은 새로운 스마트폰을 구입하기 위해 학수고대하며 기다린다.

최고 시속 300km로 달리는 기차인 KTX의 등장으로 우리나라는 일일생활권으로 들어섰다. 이제 KTX는 가장 빠른 교통수단인 비행기와 속도 경쟁을 한다. 유통과 물류 부문에서는 로켓 배송이라고 대대적으로 선전한다. 진짜 로켓으로 배송하는 것은 아니지만 사람들은 로켓이 가진 이미지 때문에 빠르게 배송할 것이라고 믿게 된다.

증권가에서는 정보가 빠른 사람이 돈을 벌게 된다. 정보를 빠르게 얻기 위해서 일명 찌라시散らし라는 문건들이 생산되어 나돌기도 한다. 영국이 나폴레옹에게 승전했을 때, 이 정보를 가장 빨리 획득한 로스차일드 가문이 영국의 채권을 아주 싸게 사들여 엄청난 수익을 올렸다는 것은 많이 알려진 이야기이다.

스마트폰의 대중화로 SNS가 확산되면서 신문과 방송이 전달해 주는 뉴스보다 빠르게 전 세계의 돌아가는 소식을 쉽게 알 수 있다. 언론사의 기자들보다 훨씬 더 많은 수십억 명의 개인들이 더 많은 기사와 정보를 생산하기 때문이다. 이와 같이 일상생활에서도 속도 중시 현상은 이미 보편화되어 있다.

제 2 장

속도와 전략

전쟁에서 배우다

>>>

　속도전에서는 기본적으로 목표와 방향을 올바르게 설정하고 순간적인 가속도를 활용해 힘의 크기를 최대한으로 만들고, 타이밍을 잘 포착해서 공격해야 상대방에게 강한 충격을 줄 수 있다. 그렇지만 지속적인 역량을 확보한 상태가 아니면 상대방의 지구전과 맞닥뜨려 고전하게 된다. 전략적 방향과 목표에 맞게 속도전을 전개하지 못하거나 잘못된 방향과 목표에 근거해 속도전을 전개할 경우 성공할 수 없다.

　속도를 기반으로 하는 전략이 어떻게 활용되는지 쉽게 이해하기 위해, 제2차 세계대전 초기의 독일 전격전과 고대 아시아 북방민족의 기마술에 의한 속도전에 대해서 세부적으로 살펴보고자 한다.

>>
독일의 전격전
전략목표를 신속하게 선취하다

속도전하면 제2차 세계대전에서 독일의 전격전을 가장 먼저 떠올리게 된다. 독일은 견고한 프랑스의 마지노선을 우회해 상대적으로 약한 벨기에를 돌파해 프랑스를 점령하는 전략을 실행하기 위한 세부 작전으로, 아르덴 숲을 통과하는 전격전을 수행해 연합국의 허를 찔렀다. 그 결과 프랑스 침공 작전에서 큰 성공을 거두었다.

독일의 우수하고 유능한 참모진이 세운 치밀한 작전 계획은 연합국보다 비교 우위에 있었다. 하지만 알려진 것과는 다르게 제2차 세계대전 초기에 독일 전격전의 주력인 전차는 연합국에 비해 공격력과 방어력이 형편없는 수준이었다.

그럼에도 불구하고 독일이 제2차 세계대전 초기에 연합국과의 전쟁에서 승리할 수 있었던 이유는, 독일의 군사 참모들이 제2차 세계대전의 양상이 기관총과 참호전 중심이 아니라, 전략적 공격 목표를 빠르게 선취하는 전격전이 되어야 함을 제대로 이해하고 있었기 때문이다. 참호, 철조망, 기관총 및 화학전으로 대변되는 제1차 세계대전의 양상을 타개하지 않으면 연합국에게 절대로 승리할 수 없다는 사실을 명확히 인지하고 있었다.

적보다 빠른 기동력을 기반으로 적절한 화력과 방호력을 갖춘 전차야말로 전장의 핵심이 될 것으로 믿었다. 전차의 빠른 기동력을 뒷받침하기 위해서는 그에 상응하는 기동력 있는 보병이 필요하므로 기계화 보병부대를 배치했고, 또한 우수한 보급 능력이 필요하므로 다양한 수송부대를 만들어서 운영했다. 이와 함께 강하고 빠른 공격으로 적의 전선을 돌파할 때 생기는 적의 심리적 공황상태를 최대한 이용해 연합국이 제대로 싸우지 못하게 만들었다. 이러한 작전의 일환으로 폭격기에 싸이렌을 달아서 폭격 때 굉음이 울리게 함으로써, 이루 말할 수 없는 공포심을 유발시키는 심리전을 동시에 수행했다.

독일의 프랑스 점령 전략, 전격전

제2차 세계대전 당시 독일은 전격전Blitzkrieg이라고 불리는 새로운 작전으로 프랑스를 침공했다. 이 작전은 그 전의 폴란드 침공과 마찬가지로 크게 성공해 작전 개시 6주 만에 프랑스의 항복을 이끌어 냈다. 프랑스 침공 초기에 당시 유럽의 최대 강대국인 프랑스와 영국 연합국을 덩케르크까지 몰아 붙여 연합국의 주력을 포위하는 성공을 거두었다. 패전한 영국은 불명예스럽게도 어선 포함 850척의 선박을 이용해, 영국군 22만 명과 프랑스군 12만 명 등 약 33만 8천명의 군인을 영국으로 간신히 철수시킬 수밖에 없었다. 물론 모든 무기와 보급물자는 해변에 남겨두고서 말이다.

전격전은, 스투카Stuka와 같은 급강하 폭격기와 항공기의 지원 하에 전차와 장갑차로 무장한 기계화부대를 한곳에 집중시켜 적의 방어선을 돌파해 전선을 무너뜨리면, 후방을 따르는 부대가 나머지 적을 섬멸하는 속도 위주의 침공 전략이었다. 기본적으로 빠른 속도로 아군보다 속도가 느린 적군을 섬멸하는 작전이다. 만약 공격하는 아군보다 적군의 기동력이 빠르다면, 아군의 움직임에 적군도 빠르게 대처할 수 있기 때문에 승리하기란 쉽지 않을 것이다.

전략의 핵심은 기갑부대를 구성하는 부대의 속도였다. 주력 전투부대는 보병이 아니라 장갑을 갖추고 빠른 기동력을 보유한 전차와 장갑차였다. 또한 빠른 보급을 위해 다량의 보급 수송 트럭과 수십만 마리의 말이 끄는 마차부대가 동원되었다. 기갑부대의 속도는 아군으로 하여금 고도의 심리적 우위를 선점하게 하고, 적군에게는 극도의 심리적 상실감을 갖게 만든다. 그러므로 기갑부대가 빠르게 적의 방어선을 돌파하면 적군은 대규모 공황상태에 빠지면서 전투 의지를 상실하게 된다.

마지노선을 우회하는 간접 접근전략

전격전에 대해서는 영국의 리델 하트Basil Henry Liddell Hart를 빼놓을 수 없다. 제1차 세계대전에서 중대장으로 참전한 리델 하트는 유명한 솜Somme 전투에서 부상을 당해 예편했다. 그는 제1차 세계대전의 참혹상을 겪으면서 병사들의 생명만을 앗아가는 무모한 전쟁을 없애기 위해서는 새로운 전략이 필요함을 절실하게 느끼고, 고대부터 근세까지의 30여 개의 전쟁과 280개의 전투를 분석해 승리 요인을 정리한 후 간접 접근전략에 대한 책을 출간했다.

간접 접근전략의 반대 개념인 직접 접근전략은 적의 주력부대를 대상으로 한 사활을 건 총력전이다. 제1차 세계대전에서 영불 연합국과 독일이 펼쳤던 참호전이 직접 접근전략에 해당하는 전투였다. 직접 접근전략은 주력부대 간의 강대강 전투이므로 우수한 작전과 무기를 갖고 있어도 양측의 피해는 참혹한 수준으로 크게 발생해 전쟁의 승패를 쉽게 장담할 수 없고, 승리한다고 해도 수많은 병사들의 생명을 담보해야 한다. 그래서 리델 하트는 이러한 직접 접근전략을 피해야 한다고 주장했다.

리델 하트는 전쟁이 꼭 주력부대 간의 전투를 통해서 승리해야만 하는 것은 아니므로, 간접 접근전략을 통해 적과의 직접적인 교전은 최소화하면서 적을 서서히 무력화시킬 수 있는 후방 작전을 수행하라고 했다. 즉 적의 후방에 침투해 적의 경제 중심지를 파괴한다든지, 적 지휘본부의 통신 체계를 파괴한다든지, 적의 보급 수송부대를 공격한다든지, 적의 주요 보급로 상의 도로와 교량을 파괴하는 교란 작전을 펴는 등, 주력부대와 직접적인 전투가 아니더라도 적의 전쟁 수행 역량과 의지를 꺾을 수 있도록 후방에서 더 적극적으로 전쟁을 수행하라고 했다.

리델 하트의 간접 접근전략은 독일군의 전격전 작전 계획을 주도적으로 수립한 구데리안과 독일 참모들에게도 많은 영향을 미쳤다. 독일은 프랑스 침공 전격전을 수행하면서 간접 접근전략을 따랐다.

한편 프랑스는 앞으로 벌어질 전쟁도 제1차 세계대전과 마찬가지로 기관총과 참호의 철조망으로 적의 공격을 막을 수 있을 것으로 판단하고, 독일과의 국경에 거대한 군사 요새를 건설해 마지노선Maginot Line이라고 불렀다. 마지노선은 당시 프랑스 국방장관이었던 앙드레 마지노Andre Maginot, 1877~1932의 이름을 딴 것이다.

마지노는 제1차 세계대전의 교훈에 따라 적의 침략을 효과적으로 막기 위해서는 국경지대에 요새를 구축해 물샐틈없는 방비를 하는 것이 좋겠다고 판단하고, 750km에 이르는 독일과의 국경선에 막대한 국방비를 들여 요새를 구축했다. 이 요새 선은 1927년에 공사를 시작해 1936년까지 거의 10년에 이르는 기간 동안, 벨기에의 아르덴 숲에서 스위스 국경에 이르기까지 건설되었다. 요새에는 주거지역, 창고, 지하도로, 병원 등을 같이 건설해 전투가 발생하면 요새 내에서 생활하면서 몇 개월을 버틸 수 있도록 했다

제2차 세계대전 당시 독일군 수뇌부는 프랑스의 마지노선을 뚫을 수 없다고 판단하고 마지노선을 우회하는 방법으로 프랑스와 벨기에

사이의 아르덴 숲을 관통해 프랑스를 침략했다. 울창한 숲으로 덮여 있는 해발 400m의 아르덴 숲은, 기갑부대뿐만 아니라 보병부대도 기동하기에는 적합하지 않은 곳으로 알려져 있어서, 상대적으로 방비가 소홀할 수밖에 없었다.

독일군은 이러한 프랑스군의 수비 허점을 뚫고, 공병을 앞세우고 기갑부대가 뒤따라오면서 숲을 통과했다. 아르덴 숲에서 독일군을 괴롭힌 것은 오직 독일군의 전차, 장갑차 그리고 보병과 물자 들을 실은 트럭들의 교통 혼잡뿐이었다. 독일군 7개 기갑사단은 단 이틀 만에 아르덴 숲을 통과해 프랑스군의 후방으로 물밀듯이 들어갔고, 프랑스의 마지노선 방어는 무용지물이 되었다.

독일군은 간접 접근전략에 따라, 프랑스의 주력이 있는 마지노선이 아니라 마지노선을 우회하는 아르덴 숲을 통해 습격을 함으로써 프랑스 주력부대와의 직접적인 전투를 회피할 수 있었다. 그리고 독일군의 피해를 최소화하고 프랑스군의 전투 의지를 상실하게 해 프랑스를 점령할 수 있었다.

리델 하트가 간접 접근전략에서 밝힌 몇 가지 원칙을 살펴보면, 첫째 상대의 약점을 파악해 아군의 강점인 기동과 기습을 통해 집중적으로 공략해야 한다. 독일의 프랑스 전격전에서는 폭격기와 기갑부대로 상대의 약점을 강하게 공격했다. 둘째, 적의 강점을 약화시킬 수 있는 전략적 목표를 대상으로 작전을 수행해야 한다. 대표적인 것이 지휘 통신 방해, 보급 수송 방해, 퇴로 차단, 심리전과 같은 것이다. 셋째, 적의 강점이 무력화되었을 경우에는 적을 피하지 말고 과감하게 공격해 파괴해야 한다. 간접 접근전략은 아군보다 강한 적과 교전을 피함으로서 아군의 피해를 최소화하는데 목적이 있지만, 승기를 잡았을 때는 과감하게 공격을 하라는 것이다.

이와 같은 리델 하트의 간접 접근전략은 독일군의 전격전을 통해 유용한 군사전략임이 입증되었다.

독일의 전격전 계획과 전차 개발

제2차 세계대전에서 전격전을 히틀러에게 제안하고 전차부대를 주력으로 한 작전 계획을 수립한 사람은 하인츠 구데리안Heinz Wilhelm Guderian, 1888~1954이었다.

제1차 세계대전에서 통신장교로 활약했던 구데리안은 제1차 세계대전 말 전차 등장을 보고, 전차부대가 적의 견고한 방어선을 돌파할 수 있다는 점을 파악했다. 전차군단을 앞세워 순식간에 적진을 돌파함으로써 승리를 쟁취하는 전술을 구상했다. 그는 히틀러에게 기갑부대의 확충을 주장해 독일의 전차 생산과 새로운 기갑부대 창설을 주도했다. 독일의 귀족 출신 고위 장군들을 그다지 신뢰하지 않았던 히틀러는 구데리안의 전격전에 매료되어 작전 계획 수립을 일임하고, 전차와 같은 기동 장비의 개발과 생산을 독려했다.

한편 독일은 제1차 세계대전 후 베르사유조약으로 무기를 개발하거나 보유할 수 없었고 공격력을 갖춘 군대도 보유할 수 없었다. 이에 독일 군부는 연합국의 감시망을 피해 트랙터 공장에서 1호 전차를 생산하고, 러시아에서 전차 시험을 했다.

폴란드 침공 때의 독일 주력 전차는 1호 전차와 2호 전차였는데, 속도는 빨랐지만 빈약한 무장과 장갑으로 인해 오래 사용하지 못했다. 이후 주력 전차가 되는 3호 전차와 4호 전차는 폴란드 침공 직전에 개발이 완료되어 생산되기 시작했다. 때문에 폴란드 침공 때 투입된 숫자는 아주 소수에 불과했고, 프랑스 침공 작전 무렵에야 독일 기갑사단의 주력 전차로 사용할 수 있었다.

독일이 설계한 전차는 그 이전의 전차와는 다른 뚜렷한 특징이 있었는데, 바구니형 포탑을 갖추고 있어서 포탑이 회전할 때 전차장이나 포수가 같이 움직일 필요가 없었다. 이전의 전차는 포탑의 움직임에 따라 탑승한 전차병이 같이 움직이지 않으면 큰 사고가 날 수 있었다. 또한 모든 전차에 무전기를 달아서 전차 간의 지휘 통신이 자유로웠다. 제2차 세계대전 전 전차 강국이었던 프랑스 전차에는 무

전차 종류	무장	최고 속도	양산 년도	양산 댓수
1호전차, Panzerkampfwagen I	7.92m 기관총 2정	37km	1933년	833
2호전차, Panzerkampfwagen II	20m 기관포, 7.92m기관총	40km	1934년	1,220
3호전차, Panzerkampfwagen III	37m 기관포, 7.92m기관총	20km	1937년	98
4호전차, Panzerkampfwagen IV	75m 기관포, 7.92m기관총	20km	1939년	211
38(t) 전차(체코제)	37m 기관포, 7.92m기관총	15km	1938년	78

제2차 세계대전 초기의 독일 주력 전차 현황

전기가 설치되지 않아서 전차의 지휘를 깃발로 하고 있었던 것을 감안하면, 전차에 무전기를 설치해 각 전차가 서로 통신을 할 수 있다는 것은 획기적인 혁신이었다.

포탄이 터지는 전장 상황에서 머리를 들고 깃발로 신호를 보낸다는 것은 상당히 무모하고 어려운 일이었을 것이다. 프랑스 침공 때 독일 기갑부대의 무전기에 의한 전투 지휘는 상당히 큰 효과를 발휘했다. 독일의 3호, 4호 전차보다 화력과 방어력이 막강했던 프랑스의 전차들이 독일과의 전차전에서 참패를 했다.

기갑부대에 소극적이었던 영국

제2차 세계대전의 전장에서 승패를 좌우하게 된 전차는 제1차 세계대전 말에 지루한 참호전을 타개하기 위해 영국에서 개발되었다. 20세기 초에 발발한 제1차 세계대전은 그 이전의 전쟁과는 다른 양상으로 전개되었다. 기관총이 개발되면서 보병들은 깊은 참호를 파고 돌격해 오는 적군을 향해 기관총을 발사하는 방식으로 전투가 전개되었다. 참호와 기관총은 그 동안의 여러 전쟁을 통해 경험한 전술을 무용지물로 만들었고, 장기간의 참호전이 고착화되면서, 누구의 승리도 없이 보병들의 시체만 늘어나게 되는 참담한 상황이 되었다.

이에 제1차 세계대전에 참여한 나라들은 참호를 돌파하기 위한 여러 전술을 개발했는데, 그 중 하나가 포격전이었다. 포병부대의 모든

포를 참호를 향해 포격해 참호 속에 숨어있는 보병들을 무력화시키는 전술이었다. 포격 이후에는 보병들이 참호를 돌파하기 위해 돌격해 갔는데, 포격에 살아남은 기관총이 하나라도 있으면 저지되기 십상이었다. 또한 독가스도 사용되었다. 적군의 참호를 향해 독가스를 살포해 적군을 섬멸할 수 있었지만 참호를 바로 점령할 수는 없었다. 적 진지의 독가스가 사라질 때까지 기다려야 했기 때문이다.

1914년 영국 공병 장교인 스윈턴Ernest Dunlop Swinton, 1868~1951 중령이 적의 포격과 기관총 세례를 방어하면서 철조망을 통과할 수 있는 새로운 무기의 개발을 육군성에 요청했다. 스윈턴은 장갑 차량에 트랙터의 무한궤도를 결합시킨 획기적인 아이디어의 새로운 무기를 개발하고자 했다. 새 병기의 이름을 Mk 1으로 붙였는데, 적군에게 비밀이 새나가지 않도록 위장하기 위해 러시아로 수출할 물탱크를 개발하는 것으로 속였다. 그래서 대외적으로는 탱크라는 이름으로 불리게 되었다.

처음에 스윈턴의 제안을 승인한 곳은 영국의 육군성이 아니라 윈스턴 처칠이 장관으로 있던 해군성이었다. 처칠은, 육군의 군함으로 만들라는 의미로 이 무기의 이름을 랜드쉽Land Ship이라고 지었다. 전차의 모습도 군함을 모방해 설계했으므로 전함과 비슷하게 탱크의 좌우에 각각 1정씩의 대포가 정착되었다. 이 후 Mk 시리즈 전차는 지속적으로 개량을 거듭해 Mk 7까지 개발되었다.

초기 개발된 Mk 1은 최고 시속이 5km에 불과했고, 행동반경이 짧았다. 1916년 솜Somme 전투에 최초로 투입되었지만 결과는 아주 실망스러웠다. 여러 대가 기계 고장으로 아예 투입되지 못했고, 투입된 전차도 참호와 진흙탕에서 제대로 성능을 발휘하지 못하고 멈춰 섰다. 결국 아주 적은 소수의 전차만이 철조망을 통과해 목표 지점에 도달할 수 있었다. 하지만 심리적으로 상당한 효과가 있었는데, 독일군에게는 처음 보는 전차가 공포 그 자체였기 때문이다.

그 후 영불 연합국은 1917년 캉부레Cambrai 전투에서는 324대의 전차를 집중 투입해 전선을 돌파하는 성공을 거둘 수 있었다. 제1차 세계대전이 끝날 때까지 영국은 2,600여 대의 전차를 생산했고, 프랑스는 3,800여 대의 전차를 생산해서 집중적으로 투입했다. 반면에 독일은 48대의 아주 적은 전차만을 생산해 전투에 투입했다.

제1차 세계대전에서 전차는 전쟁 후반기에 투입되었는데, 기계적 신뢰성이 낮았고 전술적으로 운영 방법이 미숙해 큰 활약을 보이지는 못했다. 하지만 참호와 철조망을 극복하는 등 전선을 돌파하는 가능성을 충분히 보여 주었다.

전차 개발국인 영국은 제1차 세계대전 후부터 제2차 세계대전 전까지 전차를 이용한 기갑부대 전술 개발에 적극적이지 않았다. 반대로 독일은 제1차 세계대전의 전훈을 분석해 향후의 전투는 기갑부대가 중요할 것으로 판단했다. 베르사유조약의 무기 개발 금지에도 불구하고 연합국을 속이면서 적극적으로 전차를 개발해 생산했고, 기갑부대 전투 전술을 습득하는데 매진했다.

보급품 부족으로 패배한 롬멜과 나폴레옹

제2차 세계대전 당시 독일의 아프리카 군단을 이끌며 영국을 상대로 연전연승하며 전격전의 신화를 쓴 아르빈 롬멜Erwin Rommel, 1891~1944 장군은 영국군에게도 경외의 대상이었다. 롬멜은 모든 작전에서 속도를 중요시했다. 프랑스 전투에서는 제7기갑사단을 지휘하면서 사단의 모토를 '적진을 향해 엑셀을 밟아라'로 정할 만큼 그의 기갑사단은 타의 추종을 불허하는 엄청난 진격 속도를 자랑했다.

롬멜은 제1차 세계대전 당시 적군이었던 이탈리아와의 전투에서 빠른 공격의 중요성을 잘 터득하고 있었다. 보병 중위였던 1917년, 그는 이탈리아의 알프스산맥에 있는 마라주산의 요새를 독일군 1개 대대의 병력으로 전광석화 같이 공격해 이탈리아군 1만여 명을 포로로 잡는 수훈을 세웠다. 이 전투의 승리로 평민 출신임에도 불구하고 독일에서 가장 영광스러운 훈장이라는 푸르 르 메리트Pour le Mérite를 받을 수 있었다.

독일 제7기갑사단이 프랑스의 마지노선을 돌파할 때, 사단의 진격 속도가 너무 빨라, 직속상관인 제4군 사령관 폰 클루게Hans Guenther von Kluge 장군은 보급로가 끊길 것을 염려해 진격을 잠시 멈추라는 명령을 내릴 정도였다. 프랑스군 후방으로 너무 빠르게 진격해 프랑스군도 아군이 지원하러 오는 줄로 착각할 정도였다고 한다. 진격 도중에 프랑스군 포로가 생기면 무기만 뺏고 스스로 걸어서 독일군 진영으로 투항하라고 하면서 진격에 진격을 거듭했다.

프랑스 침공 작전에서 롬멜의 제7기갑사단은 당시 주력 전차였던 2호 전차나 3호 전차를 앞세워 최고 속도로 전선을 누비고 다녔다. 롬멜의 제7기갑사단의 활약으로 후방에 있던 프랑스군의 마지노선이 무너지면서 프랑스군은 일대 혼란에 빠졌다. 신출귀몰한 빠른 진격 속도에 프랑스군은 롬멜의 제7기갑사단을 유령사단이라고 불렀다고 한다.

롬멜은 아프리카에서도 빠른 진격 속도로 아프리카의 영국군을 괴롭혔다. 이때 롬멜은 신출귀몰한 전격전을 펼쳐서 '사막의 여우'라는 별칭을 얻게 된다. 하지만 속도에 기반한 전격전이 항상 승리를 보장하는 것은 아니었다.

히틀러는 북아프리카 리비아에서 패배의 위기에 몰린 동맹국인 이탈리아군을 돕기 위해 롬멜에게 아프리카 출정을 명령했다. 1941년 리비아에 도착한 롬멜은 기갑사단이 모두 배치되기도 전에 소규모 전차부대를 이끌고 전투를 개시했다. 이미 주력부대가 그리스로 철수해서 전력이 보잘 것 없었던 영국을 밀어붙이며 이집트로 진격했다. 영국군은 롬멜의 전격전에 계속 밀려 이집트의 중요 도시인 알렉산드리아까지 빼앗길 절대 절명의 위기에 처하기도 했다.

이집트의 항구 도시 알렉산드리아가 독일군의 수중으로 들어가면 수도 카이로도 쉽게 독일 차지가 되어, 영국은 이집트로부터 철수할 수밖에 없는 상황이 된다. 그렇게 되면 수에즈 운하를 독일이 마음대로 사용하게 되어 중동에서 영국의 패권은 약해지고, 독일은 중동의 석유를 대량으로 획득해 유럽에서의 전투력이 강화된다. 그래서 연합국에게 알렉산드리아는 전략적으로 꼭 지켜야 할 지역이었다.

한편 독일 군부가 러시아 전선에 대한 인력, 장비, 보급품 공급을 최우선 정책으로 펴면서, 롬멜의 아프리카 군단은 보급품 부족에 직면했다. 더구나 영국의 지중해 제해권 장악으로 인한 보급 수송의 어려움 등으로 그나마 보급조차 제대로 받을 수 없는 상황에 처했다. 결국 롬멜은 알렉산드리아의 서쪽 100km에 위치한 엘-알라메인에서 영국 제8군에 참패를 당하고 말았다. 롬멜의 이집트 공격은 중단되었고, 이후에는 아프리카에서 완전히 패전해 리비아에서 철수할 수밖에 없었다.

롬멜의 전격전이 성공하기 위해서는 지속적인 보급이 있어야만 했다. 지속적인 보급이 이루어지지 않는 상황에서는 전격전의 영웅 롬멜도 승리할 수는 없었던 것이다.

보급의 실패로 패배한 전쟁의 또 다른 사례는 나폴레옹의 러시아 침공에서도 발견된다. 프랑스는 제2차 세계대전에서 독일의 전격전에 패했지만 사실 역사적으로는 유럽의 전통적 초강대국이었다. 약 100년 전인 19세기 초, 나폴레옹이 황제로 군림할 당시에는 스페인, 이탈리아, 프로이센, 오스트리아 등 서유럽을 대부분 통일해 프랑스 제국을 건설하기도 했다. 그 당시 유럽을 점령한 황제 나폴레옹은 빠른 기동력과 화력의 집중에 대한 중요성을 간파하고 있었다. 나폴레옹의 군대는 당시 기준으로는 획기적으로 빠른 진군 속도를 보유하고 있었다. 그래서 나폴레옹이 유럽을 제패한 여러 요인 중의 하나로 보병의 빠른 행군 속도를 꼽기도 한다.

당시 다른 나라의 일반적인 보병 행군 속도는 분당 70보 정도였다. 1보를 과거 영국의 한걸음의 단위인 1야드, 약 0.9m로 산정할 경우 한 시간에 약 3.8km를 걷는 속도이다. 그러나 나폴레옹은 보병들이 120보를 걷도록 훈련시켰다. 한 시간에 약 6.5km를 걷는 속도이다. 나폴레옹의 군대가 다른 군대보다 1.7배쯤 빠른 속도로 이동이 가능했다.

나폴레옹은 빠른 행군을 위해 보병의 군장 무게를 획기적으로 줄이도록 했다. 숙영지에서는 텐트를 가설하고 자는 것이 아니라 노숙을 하는 등의 조치로 불필요한 보급품을 줄여, 가벼운 군장으로 더 많은 시간을 행군할 수 있도록 했다. 빠른 진격 속도로 나폴레옹 군대는 적군이 전투 준비를 하기도 전에 나타나 일방적으로 적군을 섬멸할 수 있었다.

나폴레옹군의 빠른 행군 속도는 전투에서 내내 장점이 많았다. 옆의 부대가 위기에 빠지면 빠른 지원이 가능했으며, 적군보다 빨리 전투 지역으로 이동해 유리한 고지를 선점하기에도 좋았다.

그러나 빠른 진격을 위해 경량화된 보병부대의 장점은 러시아의 추운 겨울 날씨에 부메랑이 되어 돌아왔다. 나폴레옹은 3주 분의 보급 물자와 식량만으로 러시아 침공을 시작했다. 후퇴하는 러시아 군대를 따라 러시아 깊숙이 들어갔을 때에는 보급 거리가 너무 늘어나, 보급부대가 나폴레옹 전투부대를 따라 갈 수 없을 지경이 되어 제대로 보급을 받을 수 없었다. 또한 러시아가 후퇴하면서 남아있는 모든 것을 불태워 없애는 청야전술을 펼쳤기 때문에, 현지에서도 제대로 식량과 보급품을 구할 수 없었다. 60만 대군으로 시작한 전쟁에서 돌아온 군인은 3만여 명에 불과했다. 러시아 침략의 실패는 결국 나폴레옹의 몰락으로 이어질 수밖에 없었다.

공습을 막아낸 영국의 방공 레이더망

제2차 세계대전 초기 프랑스와의 전쟁에서 승리하며 대부분의 서유럽을 손아귀에 넣은 후, 히틀러와 독일군 참모들은 영국 침공을 계획했다. 우세한 영국의 해군력을 염려해 해군으로 직접 영국을 침공하는 것은 좋지 않다고 판단하고, 항공기로 먼저 영국 본토를 폭격해 산업시설 및 군사시설을 파괴한 후에 해군의 상륙작전을 감행하는 '바다사자작전' 계획을 수립했다. 작전 계획에 따라 독일은 여러 차례 영국 본토 공습작전을 수행했지만, 영국의 반공 레이더망 때문에 효과적으로 작전을 수행할 수 없었다.

영국의 로버트 왓슨-와트 Robert Watson-Watt, 1892~1973는 1935년에 세계 최초로 항공기 탐지장치인 레이더를 개발해, 약 48km 떨어진 비행기를 추적하는데 성공했다. 이후 지속적인 개량으로 유효 식별 거리 200km의 방공 레이더를 개발해 영국 해안가에 레이더기지 21개를 건설하고, 체인 홈 Chain Home이라 불리는 조기경보체제를 구축했다. 체인 홈 방공 레이더망은 침투가 감지되면 영국 공군기지에 20분

이내에 경보가 가능했고, 영국 공군은 15분 이내에 독일 공군의 침투 경로에 전투기를 긴급 출격시킬 수 있었다.

한편 영국 해안에서 가장 가까운 프랑스에 있는 독일 공군기지는 152km 떨어져 있고, 가장 빠른 독일 비행기인 메서슈미트 Bf-109는 최고 속도가 시속 570km로 프랑스의 기지를 이륙해 빠르면 16분 이내에 영국 해안에 도달할 수 있었다. 하지만 수백 대의 독일 항공기가 편대 대열을 갖추어 영국으로 날아가기 위해서는 많은 시간이 소요되었다. 독일 공군이 영국 해안에 도달할 때쯤이면 영국 공군은 이미 요격이 유리한 위치에 미리 도착해 독일 공군을 공격할 수 있었다. 때문에 독일 공군의 영국 본토 폭격은 대부분 실패할 수밖에 없었다.

독일 공군의 1단계 공습에서 독일 폭격기는 전투기의 호위를 받으며 영불해협을 건넜다. 영국은 체인 홈 방공 레이더망으로 독일의 폭격을 사전에 감지하고 요격작전을 실행해 공중전에서 크게 승리했다. 이때 독일군은 236대가 격추되었고, 영국군은 95대가 격추 당했다. 독일로서는 2.5배가 더 격추되는 뼈아픈 패배였다.

독일의 2차 공습에서는 1차 공습의 실패를 연구해 철저히 준비한 후 주로 런던 부근의 군사기지와 산업시설을 폭격했다. 여기서도 영국의 방공 레이더망은 위력을 발휘해, 영국군은 286대가 격추되었지만 독일군은 380대가 격추되어 독일군이 1.3배의 손실을 더 보았다.

독일의 3차 공습은 런던을 직접 폭격하는 것으로 작전을 세웠다. 그러나 여기서도 영국의 방공 레이더망이 사전에 경보를 울림으로써 독일 공군은 많은 항공기를 잃고 말았다. 히틀러는 계속되는 전투기

손실로 독일 공군의 전력이 약화되는 것을 막기 위해 영국 본토 폭격을 중단시켰다.

결과적으로, 독일은 영국에 비해 우수한 항공기와 항공 전술을 갖고 있었음에도 불구하고 영국 체인 홈 레이더망의 견고한 조기경보 능력으로 인해 커다란 손실을 입었고, 결국 영국 본토 폭격을 중단해야 했다. 기록에 따르면 독일의 영국 본토 폭격에서 영국은 1,547대의 항공기를 잃었고 독일은 1,887대의 항공기를 잃어서, 독일이 1.2배의 손실을 더 입었다고 한다. 항공기에 의한 공격과 폭격이 은밀하게 진행된다는 것을 감안하면 독일로서는 뼈아픈 실패였다. 영국이 경보의 속도전에서 우세를 점해 독일의 공습을 막아낸 것이다.

지속적인 자원 투입의 실패, 독일 패전

20세기 초 유럽의 중앙에 위치하고 있던 독일제국은 유럽의 다른 강대국인 서쪽의 프랑스, 동쪽의 러시아와 경쟁하고 있었다. 독일제국군의 참모총장이었던 슐리펜Afred von Schlieffen, 1833~1913은 프랑스, 러시아와 동시에 전쟁을 한다면 어떤 전략으로 승리할 것인지를 고민해 전쟁에 대한 세부적인 작전 계획을 수립했다. 그 후에 참모총장이 된 몰트케Helmuth Johannes Ludwig von Moltke, 1848~1916는 슐리펜의 작전 계획을 일부 수정해 제1차 세계대전에 실제로 사용했다.

슐리펜 계획 이전까지 독일의 전통적인 작전 계획은 러시아와 먼저 전쟁을 시작하는 것이었다. 왜냐하면 러시아는 산업화가 늦고 철도가 부족해 독일의 선제공격에 대응하는데 시간이 걸리므로 프랑스에 비해 쉽게 승리할 수 있다고 판단했다. 러시아에 승리한 뒤, 독일의 우수한 철도와 산업 시설을 이용해 모든 전력을 신속하게 프랑스 전선으로 이동시켜 프랑스와 전쟁에서도 승리한다는 계획이었다.

슐리펜은 이러한 전통적 작전 계획을 당시 상황에 맞게 대폭적으로 수정했다. 당시 러시아는 산업적, 군사적으로 과거보다 많이 발전한 상황이므로 독일이 단기간에 러시아에게 승리하는 것은 불가능하고, 따라서 독일의 주력부대가 프랑스 전선으로 제시간에 이동할 수 없다고 보았다. 슐리펜은 인구가 많고 국토가 넓은 러시아와의 전면전은 필연적으로 장기전이 될 것으로 예상한 것이다.

슐리펜의 참모진은 러시아의 산업 시설과 철도 상황 등을 분석해 러시아가 본격적으로 독일과 일전을 벌이기 위한 전쟁을 준비하는데 6주가 필요할 것으로 보았다. 그러므로 먼저 프랑스와 신속하게 일전을 벌여 6주 안에 승리하고, 독일의 우수한 철도 시설을 이용해 주력부대를 러시아 전선으로 이동시켜 러시아와 전쟁에서도 승리한다는 계획이 좀 더 실현 가능성이 있다고 보았다.

슐리펜 계획의 핵심은 6주 안에 프랑스를 점령하는 것이다. 이를 위해서 약소국인 벨기에를 관통해 진격함으로써 프랑스 파리를 점령하고자 했다. 하지만 제1차 세계대전에서 슐리펜 계획은 예상대로 진행되지 않았다. 독일은 벨기에에게, 벨기에와는 전쟁을 원하지 않으므로 프랑스로 가는 길목만 제공하라고 요구했다. 그러나 예상 외로 벨기에가 강하게 저항해, 벨기에를 통과하는데 너무 많은 시간을 소비했다. 더구나 영국까지 신속하게 프랑스 편에 가세해 많은 지원 병력을 프랑스 전선에 투입하는 등 전황이 예상과 달리 불리하게 흘러갔다.

독일은 벨기에를 가까스로 통과해 본격적으로 프랑스와 전투를 시작했으나 프랑스의 반격으로 전선이 교착상태에 빠졌다. 설상가상으로 상당히 늦을 것으로 예상했던 러시아의 군대 동원도 예상 밖으로 너무 빨라, 오히려 러시아가 동프로이센 지방을 먼저 침략해 왔다.

예상치 못한 러시아의 동프로이센 지방에 대한 침공으로 2개 전선이 생겼다. 독일은 결국 프랑스와의 서부전선에 있던 2개 사단을 빼서 러시아와의 동부전선으로 재배치할 수밖에 없는 상황이 되었다. 서부전선은 2개 사단의 차출로 독일군의 부대 간격이 크게 벌어졌다. 넓은 부대 간격은 연합군에게 반격을 허용할 경우 독일군을 위험에 빠뜨릴 가능성이 있었다. 이에 독일군은 부대를 뒤로 후퇴시켜 부대 간격을 좁히고 참호전에 의한 방어전을 할 수밖에 없었다.

슐리펜 계획의 핵심은 주력 공격부대를 철도를 이용해 신속하게 이동시켜서 부대를 원하는 곳에 배치하는 것이었다. 하지만 당시의 산업 시설이나 기술로는 이를 원활하게 뒷받침할 수 없었다. 산업화 초기의 기술과 인프라의 한계에 직면한 것이다. 결과적으로 제1차 세계대전에서 독일의 패전 원인은 상대국인 프랑스, 러시아 및 영국에 비해 전쟁의 속도가 비교 우위에 있지 않았기 때문이다.

히틀러의 제2차 세계대전은 새로운 슐리펜 계획의 실행이었고, 제

2차 세계대전 초기의 전쟁 승리 요인은 앞에서 언급한 것처럼 기갑부대의 빠른 진격 속도였다. 전략적으로는 프랑스와의 결전을 앞두고 러시아와 상호불가침조약을 체결해 러시아를 동쪽에 묶어 두었기 때문에 제1차 세계대전의 실패를 답습하지 않았다. 서부전선에서는 기갑부대를 주력으로 마지노선을 우회해서, 벨기에의 아르덴 숲을 통과해 프랑스와 영국 연합국의 주력을 덩케르크로 몰아 붙여 큰 승리를 거두었다.

슐리펜 장군이 계획했던 것처럼 독일군은 단기간의 결전으로 대승리를 거두어, 전쟁 개시 6주 만에 파리에 무혈 입성했다. 그런데 독일이 제2차 세계대전 초기에 전격전을 통해 연전연승을 거두었음에도 불구하고 결국 연합군에 패전할 수밖에 없었던 이유는 무엇인가?

첫째는, 전쟁의 방향이 잘못되었고 전쟁을 통해 얻고자 하는 점이 불명확했다. 러시아 침공이라든지 이탈리아를 지원하기 위한 아프리카 군단 파견 같은 것들이다. 당시 러시아는 독일과 대결할 상황이 아니었다. 내부적으로 공산주의 혁명으로 인한 혼란과 1930년대 대숙청으로 인한 내부 역량의 한계로 독일을 선제공격해 전쟁을 치를 만한 상황이 아니었다. 스탈린은 만약 독일이 침범해 오면 완충지대를 만들어서 독일과 휴전하는 것을 염두에 두고 있었다. 그러나 히틀러는 공산주의 격멸이라는 불명확한 명분으로 러시아를 공격했다.

둘째는, 러시아 침공으로 전선이 지나치게 확대되었다. 클라우제비츠는 공격이 방어보다 손실이 많으므로 더 많은 전투자원이 필요하다며, 역량을 총동원해 속도전으로 신속하게 섬멸하고 장기전을 피하라고 했다. 또 리델 하트는 직접 접근전략은 아군의 소모가 극심하므로 피하라고 했다. 하지만 직접 접근전략에 따라 러시아의 주력과 강대강의 소모전을 펼치면서 장기전이 되었다. 영국과의 전쟁이 끝나지 않아 해상보급로가 막혀 있는 상황에서, 지하자원과 석유가 부족한 독일로서는 전쟁을 지속하기 위한 역량을 확보하기 위해서 어쩔 수 없이 러시아를 침략할 수밖에 없었다. 하지만 자원의 문제는 전쟁만으로 해결할 수 있는 상황은 아니었다.

셋째는, 미국 선박에 대한 해상 공격으로 미국에 참전의 빌미를 주었다. 미국 참전은 인력과 전쟁 물자 보급 측면에서 연합국의 전쟁 지속 역량을 크게 증대시켰고, 독일에 대해 절대적 우위에 서게 해 독일 패망의 시간을 단축하는 계기가 되었다.

마지막으로, 전쟁이 장기전으로 바뀌면서 연합국의 폭격 등으로 지속적인 보급 역량이 망가졌다.

(단위 : 대)

일자	영국	미국	소련	합계	독일
1942년 6월	99,500	91,300	92,100	11,600	3,700
1942년 12월	11,300	91,300	93,800	16,400	3,400
1943년 6월	12,700	95,000	95,600	23,300	4,600
1943년 12월	11,800	97,500	98,800	28,100	4,700
1944년 6월	13,200	11,800	14,700	39,700	4,600
1944년 12월	14,500	12,200	15,800	42,500	8,500

〈표 1〉 가용 항공기 비교   출처: http://www.world-war-2.info/statistics

독일은 우수한 공업 시설을 이용해 최고 품질의 무기를 선보였으나, 연합국에 비하면 공급량과 공급 속도 면에서 생산력이 한참 부족한 상황이었다. 더구나 미국의 참전 이후에는, 미국의 엄청난 군인 투입과 군수 물자 보급으로 연합국의 강한 우세가 지속되었다. 〈표 1〉과 〈표 2〉에서 보듯이 연합국의 가용 항공기 숫자가 독일에 비해 월등히 많았고, 전차 생산량에서도 독일을 압도했다.

　전쟁이 장기화되면서 전투 장비의 공급 속도는 공업화가 잘된 독일이라도 미국과 러시아를 따라 잡을 수 없었다. 뿐만 아니라 독일의 한정된 인력으로는 부대의 재편성에 필요한 군인 투입도 연합국에 비해 역부족이었다. 적보다 빨랐지만 보급 지속 역량의 한계를 보여 준 나폴레옹의 실패를 거의 그대로 답습했던 것이다.

　게다가 전쟁 말기로 갈수록 석유가 매우 부족해 기동 장비를 제대로 가동할 수 없을 정도로 공급난에 시달렸다. 독일은 제2차 세계대전 내내 약 2백만 마리 이상의 말을 사용해서 물자를 수송했다. 물론

(단위 : 대)

국가	주요 전차	총수량
미국	M3(23,000), M4(50,000), M24(4300) 등	86,839
영국	Mk.2(3,000), Mk.3(7,300), A15(5,300), A27M(3,166) 등	28,134
소련	T34/76(39,120), T34/85(58,950)	98,070
독일	PzKpfw3(5,774), PzKpfw4(8,800), PzKpfw5(6,000), PzKpfw6(1910) 등	29,279

〈표 2〉 제2차 세계대전 주요국의 주요 전차 생산량 비교　　　　출처 : 위키백과

수송 트럭 등이 부족한 사유도 있었지만, 근본적으로는 석유 부족에 기인했다. 연합국의 노르망디 상륙작전 이후에 독일이 제대로 대응하지 못했던 이유도 석유가 부족해서 전차 등의 기동 장비를 제대로 움직일 수 없었기 때문이었다.

(단위 : 백만톤)

년도	독일	미국
1942년	7.7	184
1943년	8.9	200
1944년	6.4	223

〈표 3〉 독일과 미국의 석유 생산량   출처 : http://www.world-war-2.info/statistics

>>
기마민족과 몽골
통신과 병참을 갖춘 속도전으로 승리하다

고대부터 중국 북쪽의 초원지대에는 기마민족이 목축을 하면서 떠돌아다니다 기근이 발생하면 남쪽의 농경지대를 침략하곤 했다. 이런 기마민족의 침략을 막기 위해 중국 한족들은 북쪽 초원지대를 경계로 만리장성을 쌓았다. 하지만 만리장성은 기마민족의 속도전에 거의 무용지물이 되었기 때문에 제대로 방패 역할을 하지 못했다.

북방의 기마민족은 적은 수의 병력으로도, 기마부대의 속도를 이용한 강한 충격력과 전쟁을 하는 현지에서 스스로 보급을 해결하는 역량으로 강한 경쟁 우위를 갖고 있어서 농경민족인 한족을 쉽게 제압할 수 있었다. 하지만 그것만이 다는 아니다. 혹독한 북방의 자연환경에서, 멀리 떨어져 있는 가족과 부족 간의 생존을 위한 통신 체계가 발전했다. 그 통신 체계는 급박하게 변하는 전쟁 상황에서 또 다른 경쟁 우위를 제공했다. 이 장에서는 고구려의 중장갑기병과 흉노와 몽골의 경기병의 두 가지 사례를 볼 것이다.

기마술로 전투력을 높인 북방 기마민족

중국의 역사는 농경민족인 한족과 북방 유목민족 간의 대결의 역사라고 할 수 있다. 한족이 나라를 세워서 어느 정도 유지되면, 북쪽 기마민족이 침략해 한족의 나라를 무너뜨리고 새로운 나라를 세워 한족을 통치했다. 그러다가 다시 또 한족이 일어나 지배층인 기마민족을 제압하고 새로운 나라를 세우는 사례가 반복되어 왔다.

북방의 기마민족은 지역에 따라 몽골고원을 기준으로 서쪽으로는 스키타이, 투르크 등의 민족이 있었으며, 동쪽에는 흉노, 동호 등 유목 생활 중심의 기마민족과 유목뿐만 아니라 때로는 농경과 수렵을 하던 오환, 선비, 거란, 부여, 고구려, 여진 등의 민족이 있었다.

기마민족은 말과 관련한 기술을 고도로 발전시켜, 말의 고삐와 재갈, 안장과 등자 등과 같이 말을 편리하게 다루기 위한 도구들을 발명했다. 그리고 말을 전투에 활용함으로써 농경민족에 비해 월등한 전투력을 가질 수 있었다. 농경민족도 말을 많이 사육하고 또 탔지만, 기마민족에 비해 말을 탈 기회가 많지 않았다. 태어나서부터 거의 말에서 생활을 한다는 기마민족과는 기량의 차이가 당연히 많았다.

농경민족인 한족은 말을 직접 타기보다는 말을 다루는 쪽으로 활용했다. 3~4필의 말이 끄는 전차를 만들어 전쟁에 투입했다. 마부 한 명이 혼자 말을 다루고, 나머지 사람은 활이나 창을 들고 전투하는 방식이었다. 그러니 굳이 모든 사람이 말을 다루는 데 시간을 쏟을

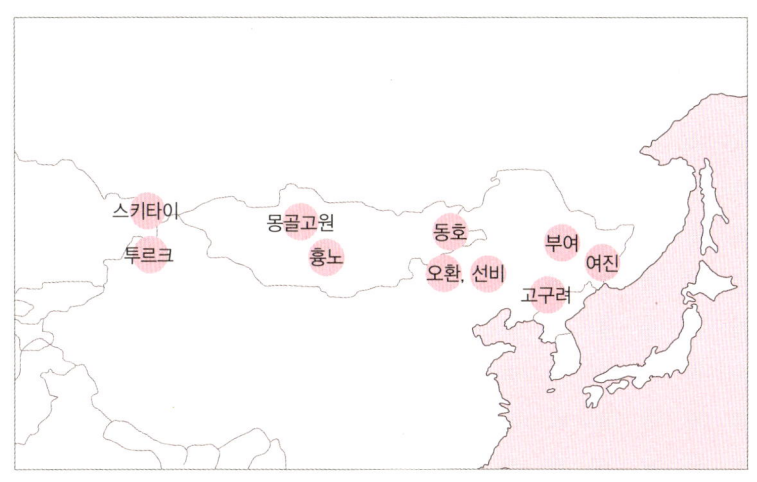

북방 기마민족 분포 지도

필요가 없었다. 마부와 전투병 사이에 일종의 분업이 이루어졌던 것이다.

그런데 실제 상황은 그렇지 않았다. 전차는 농경민족 입장에서는 말을 직접 타는 것보다는 다루기 쉬웠지만, 실제 전투에서는 말을 타고 싸우는 기마병보다 전투 행동이 느릴 수밖에 없었다. 마부는 말을 다루면서 전차를 조종해야 했기 때문에 전투를 직접 할 수 있는 입장이 아니었다. 그러니 실제 투입된 인원에 비해 직접 전투 인원이 적어 전투 효율성도 떨어졌다.

활에 대한 방어력이 우수한 고구려 개마무사

고구려에는 개마무사鎧馬武士로 불리는 당대 최고의 기마부대가 있었다. 개마무사는 중장갑 철갑기병으로 군인뿐만 아니라 말까지 장갑을 두르고, 삭이라는 긴 창과 고구려의 전통 활인 맥궁을 사용했다. 이러한 개마무사의 모습은 고구려 고분 벽화에서 많이 확인할 수 있다. 개마무사는 원거리에서 가장 큰 위협인 활에 대해 우수한 방어력을 갖추었다. 기마부대에게는 원거리에서 발사되는 활이 가장 치명적인 무기였다. 기마병은 활로부터 안전한 장갑을 갖출 수 있었지만 말은 화살로부터 제대로 보호받지 못해, 말이 다쳐서 넘어질 때 발생하는 기수의 사상도 매우 컸다. 또 근거리 공격에서도 말이 부상으로 쓰러지면 기수도 떨어지면서 위험해지기 때문에, 말이 적의 공격으로부터 보호된다는 것은 큰 이점이었다.

당시에 개마무사와 같은 철갑기병은 고구려에만 있었던 것은 아니다. 중국 5호16국316~439 시대의 북방 기마민족인 선비족에게도 철갑기병이 있었다. 이들은 한족의 보병부대를 상대로 철갑기병을 적극적으로 활용했다. 백제, 신라, 가야에도 철갑기병이 있었다. 고구려의 개마무사와 차이가 있다면 갑옷의 종류가 약간 틀렸다. 고구려 고분 벽화에 보이는 고구려의 갑옷은 찰갑이고, 가야나 신라의 갑옷은 판갑이다. 찰갑은 철편들을 가죽으로 이어서 만든 갑옷이다. 사극을 보면 철편이 비늘처럼 연결되어 있는 갑옷이 찰갑이다. 반면에 판갑은 하나의 철판을 구부려서 만든 갑옷이다. 서양 중세에 기사들이 입었던 갑옷을 생각하면 된다. 판갑은 찰갑에 비해 만들기는 수월한데, 방어력이 찰갑에 비해 좋지 않았고 움직임에도 많은 제약이 있었다.

고구려가 말에게도 비싼 철갑을 입힐 수 있었던 이유는 질 좋은 철을 많이 생산했고 제련 기술이 좋았기 때문이다. 당시 동아시아에서 고구려의 개마무사를 당할 군대는 아무데도 없었다. 그렇기 때문에 고구려는 동북아시아에서 최대의 영토를 갖고 있었고, 북방의 기마민족인 거란족, 선비족의 후예들이 세운 중국의 수, 당과도 싸워서 물리칠 수 있었던 것이다.

중국 지안集安에는 광개토호태왕廣開土好太王, 374~412년의 업적을 기록한 국강상광개토경평안호태왕비國崗上廣開土境平安好太王碑가 남아 있다. 호태왕 비에는 호태왕의 업적으로 동북아시아의 정복 활동이 상세하게 기록되어 있다. 북쪽으로는 부여, 거란, 여진족인 숙신을 정벌했고, 남쪽으로는 백제, 신라를 정벌해 신민으로 삼았다고 한다. 그리고 보병과 기병 등 5만 명의 군사를 동원해 백제와 왜의 침략으로 위기에 빠진 신라를 구원했다는 얘기가 나온다. 물론 기병 중에는 개마무사도 동원되었을 것이다. 고구려 동천왕 치세에 위나라의 관구검이 침입해 왔을 때 2만 명의 병력 중 1/4인 5천 명이 철기병이었다는 얘기가 있는 것으로 봐서, 5만 명의 병사 중에 최소 1만 명 정도는 개마무사였을 것으로 추측된다.

개마무사는 당대 최고의 군사력이었지만 값비싼 철갑 비용으로 인해 고구려와 같이 국가 체계가 잘 잡힌 큰 나라가 아니면 운영하기 힘들었을 것이다. 철갑으로 무장하고 운영하기 위해서는 비용도 상당히 많이 들었을 것이다. 철은 제대로 관리하지 않으면 녹이 잘 슬기 때문에 항상 기름으로 닦아 줘야 하는 등 관리에도 상당히 신경을 써야 하기 때문이다. 또한 무거운 철갑을 입고 달릴 수 있는 좋은 말을 얻기 위해서는 말에게 질 좋은 먹이를 주어야 하고, 좋은 종자의 말을 만들기 위해서는 체계적인 축산 지식이 필요했다. 그러므로 개마무사를 위한 운영 인력도 상당히 필요했을 것이다.

개마무사를 양성하는 데도 많은 시간이 걸렸을 것이다. 경기마부대가 아니기 때문에 근접전에서는 창과 칼을 사용해서 적을 격멸해야 했고, 원거리에서는 각궁을 쓰면서 기마전술을 사용했기 때문에 개마무사 만의 독특한 개인 전술이 필요했다.

고구려의 개마무사는 아시아 최고의 기마부대였지만, 군인과 말을 모두 에워싼 중장갑은 상당히 무거웠다. 그런 점에서 제2차 세계대전 때의 독일 전차를 연상시킨다. 세계 최고 기술력으로 생산된 독일 타이거 전차는 장갑과 화력이 떨어지는 미국의 셔먼 전차나 러시아의 T-34 전차에 비해 기동성이 떨어져서 오히려 고전했다.

그런데 고구려 멸망 이후, 고구려를 계승한 발해, 신라, 고려 등 우리 한민족이 세운 나라뿐만 아니라 주변의 민족들에게서도 개마무사의 기록을 찾아보기 힘들다. 그만큼 개마무사의 양성과 관리에 힘이 들었다는 반증이다. 고구려 멸망 이후 요동과 만주 지역을 정복한 거란, 여진, 몽골 민족은 중장갑 기병인 개마무사보다는 빠르게 기동하는 경기마부대를 주로 운영해 동아시아의 강자가 되었다.

빠른 기동력으로 유럽을 정벌한 흉노

고대 북방 기마민족의 강자는 흉노였다. 흉노는 대대로 중국 오르도스Ordos 지방을 근거지로 유목하면서 오르도스 지방에 기근이 발생하면 중국을 침략하곤 했다. 중국의 황하는 동쪽으로 흐르다가 지금의 중국 닝샤회족자치주寧夏回族自治區에서 북으로 방향을 틀고, 인산산맥을 만나면서 다시 동쪽으로 흐르다가 남쪽으로 방향을 바꾸어 흐른다. 마치 모자 모양으로 흐르는데 이 모자의 안쪽 지역을 오르도스라고 부른다. 한반도 크기쯤 되는 광활한 초원 지역이다.

흉노는 두만 선우의 아들인 묵돌 선우 때에 가장 강력했는데, 묵돌 선우는 한나라의 유방이 중국을 다시 통일할 때 쯤 선우가 되었다. 그는 동쪽의 동호를 병합시키고 서쪽의 월지를 속국으로 삼는 등 최대의 유목국가를 수립하고 지속적으로 중국을 공략해 태원太原까지 차지했다. 한나라의 수도였던 지금의 시안西安인 장안長安과는 불과 600km도 되지 않은 거리까지 공략한 것이다.

진나라에 이어 중국을 다시 통일한 유방은 국호를 한漢으로 정하고 태원까지 장악한 흉노를 치기 위해 친정을 시작했다. 하지만 추위로 온갖 고생을 하다가 기마민족의 최대 장기인 빠르게 치고 빠지는 역공 계략에 걸려들고 말았다. 묵돌 선우가 거짓으로 패하면서 북쪽으로 도망가자 유방은 선두부대를 이끌고 매섭게 추격전을 벌였다. 그러나 유방의 10만 선두부대는 후방의 본대 및 보급부대와 간격이 벌어지면서 흉노의 수십만 명의 기마부대에게 포위되는 위기에 빠졌다. 유방은 본대와 고립되어 7일간이나 포위된 상태로 있다가 가까스로 흉노와 형제 관계의 화친을 맺고 풀려났다. 화친조약에 따라 한나라는 주기적으로 흉노제국의 선우에게 막대한 양의 공물을 바쳐야 했다.

중국이 수세기 동안 쌓았던 만리장성에도 불구하고 흉노의 강한 군사력 때문에, 중국 입장에서는 굴욕적이지만 조공이라고 표현한 외교 활동으로 국가를 보위할 수밖에 없었던 것이다.

이후 한나라는 흉노제국의 속국과 같은 처지가 되어 매년 조공의 양을 늘려가면서 50여 년간 흉노에게 굴종해야만 했다. 하지만 한나라의 제7대 왕인 한 무제의 등장으로 흉노의 세력은 차츰 약화되기 시작했다. 한 무제는 흉노와의 조약을 깨고 대대적으로 흉노 공격을 시작해 흉노를 몽골 북쪽으로 몰아내는 데 성공했다. 흉노 내부에서는 중국의 분열책략에 넘어가, 분열과 반목으로 동흉노, 서흉노 등으로 쪼개지면서 세력이 약화되었고, 선비, 오환 등의 기마민족은 분리해 떨어져 나갔다. 흉노는 결국 북방에서 패권을 완전히 상실했다.

한편 중국의 공격으로 서쪽으로 쫓기던 흉노의 일파가 지금의 우즈베키스탄 지역을 장악해 실크로드를 손에 넣어 중앙아시아의 강대국이 되었다. 그런데 4세기 말부터 혹독한 한파가 초원 지역을 덮쳤다. 그러자 흉노족은 서쪽으로 이동해 유럽의 게르만족이 정착한 흑해 연안 지역을 거쳐 루마니아, 헝가리 지역까지 침입하기 시작했다. 당시 흉노 기마부대의 침입은 동유럽에 살던 게르만족을 공포의 도가니로 몰아넣었고, 게르만족은 흉노의 침입을 피해 로마로 쳐들어

갔는데 이것이 게르만족의 대이동이다.

흉노의 기마민족은 나무안장과 등자를 사용했고, 말 위에서 성능 좋은 짧은 활인 각궁과 같은 우수한 무기를 들고 자유자재로 전투를 수행해 유럽인들을 놀라게 했다. 흉노는 마주한 적을 향해 괴성을 지르면서 질풍노도와 같이 달려들면서 공격하다가, 갑자기 기수를 반대로 돌려서 뒤를 보면서 활을 쏘는 작전을 잘 활용했다. 고구려 벽화에서 보이는 말을 타면서 뒤쪽으로 활을 쏘는 것과 같다. 유럽인들에게 흉노의 요란한 말발굽 소리와 괴성은 공포 그 자체였으며, 말과 한몸이 되어 활을 쏘며 공격하는 것을 처음 본 유럽인들은 전투 의지를 완전히 상실했다.

이들 기마민족의 보급 역량은 유럽 군대보다 한 수 위였다. 보급 부대를 따로 두지 않고 전투병들이 스스로 자신의 보급품을 해결하게 했기 때문에 유럽인들이 생각하는 것보다 빠른 기동력을 보여 주었다. 결국 빠른 말을 이용한 우수한 기동력과 유럽 군대가 갖고 있지 않은 전투 장비로 동로마제국을 복속시키고, 서로마의 수도 로마까지 침입하는 등 중앙아시아에서 동유럽을 아우르는 거대한 제국을 건설했다.

통신과 병참을 갖춘 속도전으로 대제국을 건설한 몽골

13세기 초에는 오르도스 지방보다도 더 북쪽에 있는 몽골고원에서 테무친1162~1227이라는 걸출한 영웅이 나타났다. 그는 고원의 여러 부족들을 통일하고 강력한 기마부대를 기반으로 유라시아 대륙 대부분을 정복해 몽골제국을 건설했다. 몽골제국의 영토는 서쪽으로는 동유럽의 카스피해를 지나 헝가리까지, 동쪽으로는 중국의 동쪽인 황해까지 걸쳤으며, 서남쪽으로는 아라비아 해에까지 이르렀다.

몽골민족이 대제국을 건설하고 유지할 수 있었던 기본 요인 중 하나는 기마부대를 주축으로 한 군사력이었고, 또 하나는 역참제로 불리는 통신제도였다. 몽골의 군사력은 당시 가장 빠른 기동력을 보유한 기마부대와 그 기마부대의 운용 전술이 핵심이었다. 몽골의 군사력은 얼마나 되었을까? 아시아와 유럽 대륙에 걸친 거대한 제국을 건설했기 때문에 상당히 많은 병력이 있을 것 같지만 실제로는 최대 25만 명에도 미치지 못했다.

칭기스칸 당시 몽골 기마부대의 구성은 친위대가 1천 명, 주력 기마부대가 10만 명, 좌익부대가 5만 명, 우익부대가 5만 명, 그 외 다른 민족인 중국인, 위구르인 등의 부대가 3만 명 수준으로 총 병력이 24만 명이었다. 그런데 이 병력이 쓰는 말은 거의 200만 마리에 육박했다. 칭기스칸 당시의 몽골 인구가 150만 명 정도라고 알려져 있는데 이를 감안해 산출해 보면, 정예 기병 20만 명을 채우기도 벅찼을 것이다.

몽골 인구 150만 명 중에 유럽을 정복할 때 동원한 기마부대의 병력은 겨우 10만 명 수준이었고, 중국을 정벌할 때 동원한 병력은 25만 명 수준이었다. 그런데 중국을 정벌할 때의 병력 중 몽골인은 반 정도밖에 안 되었고, 고려인, 만주인 등이 많이 동원되었다.

몽골 원정군은 좌익, 중군, 우익의 3개 군단으로 편성되었다. 각각의 군단은 경기병으로 구성된 선봉대, 주력 기마부대, 후방 보급대로 부대를 세분하며, 기마 군인은 한 명당 보통 7~8마리의 말을 가졌다고 한다.

경기병으로 구성된 정찰 및 선봉대는 7~8마리의 말을 번갈아 타고 이동하므로 하루에 수백km는 거뜬히 이동했다. 그 당시 유럽 군대의 하루 행군 거리가 20km 수준이었으므로 유럽 군대보다 훨씬 먼 거리를 신속하게 이동할 수 있었다.

후방 보급대는 군인을 지원하는 임무를 맡았는데, 기마부대 군인의 가족인 부인, 자식 및 노인들 같은 비전투 인원들로 구성되어 있었다. 그러므로 보통 기마부대가 이동하면 그 부대가 속한 몽골 부족과 그들이 키우는 가축 몇 백만 마리가 함께 이동했다. 전방에서는 자식과 남편이 기마부대가 되어 싸우고, 후방 보급대는 가족들이 목축지대에서 양과 말을 키우면서 지냈다. 군대의 식량과 물자 등 보급품은 따라온 후방 보급대로부터 조달되는 자급자족 형태를 갖게 돼, 몽골 원정군은 보급에 대한 걱정이 적었다. 또 몽골 기마부대는 말이나 양고기를 말려서 개인별로 휴대하는 방식을 택했기 때문에 식량을 보급하고 보관하는 데 매우 용이한 특징도 갖고 있었다.

과거 중국의 전쟁 사례와 비교해보면 이러한 몽골의 보급 수송 역량은 확실한 우위를 점하고 있다. 백만의 부대가 공격을 하더라도 보급이 제대로 안 되면 지구전에서 밀리고 패퇴하고 만다. 과거 수나라, 당나라의 백만 대군이 고구려를 쳐들어왔을 때, 고구려에게 참패를 당할 수밖에 없었던 이유 중의 하나도 보급과 수송의 문제였다. 실제로 백만 대군 중에서 전투 군인은 삼십만도 안 되었고 나머지는 보급품을 수송하는 인력이었다고 한다.

중국의 역사 기록을 보면 수나라의 백만 대군이 북경에서 고구려로 출동하는 데만 거의 2개월이 걸렸다고 한다. 수양제는 식량 보급 문제를 가장 우려해 개인 병사에게도 많은 식량을 짊어지고 가도록 했는데, 고구려와의 국경인 요하 근처에 도착했을 때는 많은 병사들이 식량과 보급품의 과도한 운반으로 탈진하거나 탈영한 상태였다. 첫 번째 전쟁터인 고구려의 관문 요동성에 도착했을 때쯤에는 남은 군사들은 너무 지쳐서 싸울 힘도 없는 상태였고, 가지고 온 보급품도 부족했다. 때문에 수양제는 궁여지책으로 남은 식량을 따로 모아 장군 우문중에게 별동대를 조직해서 고구려의 평양성을 바로 공격하도록 명령했다. 하지만 우문중의 별동대도 고구려의 청야전술로 현지에서 식량 및 보급 문제를 해결할 수 없었고, 고구려의 유인전술, 기만전술에 놀아나다가 평양성 앞까지 겨우 도달할 수 있었다. 하지만 식량 부족으로 오래 버티지 못하고 후퇴를 결정했다가 을지문덕 장군에게 살수에서 대패했다.

수양제의 실패를 돌이켜 보면, 수양제의 패착도 컸다고 할 수 있다. 백만 군사의 식량과 군수품 보급 수송에 대한 해결책을 제대로 갖추지 못했기 때문에 지구전을 펼칠 수도 없었고, 원거리 원정도 제대로 할 수 없었다. 하지만 수나라와 다르게 몽골의 기마부대는 보급부대가 전투부대를 같이 따라 다니면서 후방 지원을 했기 때문에, 수천km를 이동하는 원거리도 큰 무리 없이 진군이 가능했던 것이다.

칭기스칸은 전투에서 기마부대의 장점을 십분 활용했다. 몽골 기마부대는 특히 정찰대를 적극적으로 잘 활용했다. 정찰대는 사전에 적의 상황을 철저히 파악해 본대가 필요한 정보를 적시에 제공함으로써 주력부대의 작전에 많은 도움을 주었다. 보급품은 현지에서 조달하는 것을 원칙으로 했다. 현지에서 약탈해 조달할 뿐만 아니라, 후방 보급대인 가족들이 필요한 물자도 현지에서 조달하면서 이동했기 때문에 작전 수행이 비교적 신속했다.

몽골의 기본적인 공격 수법은 기마부대의 장점을 최대한 발휘해 적의 옆구리를 돌아 들어가 뒤에서 공격하는 것이었다. 강한 적을 만나면 후퇴하는 척하다가 역습하는 작전도 잘 썼다. 정공법보다는 기마부대의 기동성을 최대한 살려서 선제 기습 공격, 후방 공격, 기만 유인 전술 등의 전투를 즐겨 사용했다. 몽골은 적이 성안에서 강한 방어전을 펼칠 경우 성을 완전히 포위하는 공격도 자주 사용했다. 이때는 몇 개의 기마부대만 남기고 나머지 부대는 계속 진격해 적의 증원 및 보급을 철저히 차단시켰다.

몽골제국 성공의 또 다른 요인인 통신제도는 당시의 다른 국가에 비해 속도 면에서 놀랄 만한 경쟁 우위를 갖고 있었다. 얌Yam이라고 불리는 역참은 몽골 통신제도의 핵심으로, 몽골제국 전역에 수천 개가 설치되어 모든 정보를 빠짐없이 수도로 전달했고, 수도의 명령도 각 지역으로 빠르게 전달되었다. 말을 이용해 하루에 최대 1,000km도 주파할 수 있을 정도의 빠른 통신 체계로, 헝가리에서 수도 카라코룸까지 7,000km의 거리를 일주일 만에 주파했다고 한다. 말이 지쳐서 속도가 느려지지 않도록 역참에서 기수가 공문을 전달받는 릴레이식 공문 전달 제도였다.

   역참에서는 타고 온 말을 두고 새로운 말로 갈아타고 갈 수 있었으며, 기수는 음식물과 음료 등 각종 서비스를 이용할 수 있는 조선시대의 마패와 같은 패자牌子를 발급받았다. 각 역참에는 총 20만 마리의 말이 대기하고 있었다. 역참은 몽골제국에서 생산되는 각종 생산품을 수도 카라코룸으로 전달하는 물건 배송 기능도 담당했다. 이러한 몽골의 역참제는 각 지역에 떨어져 살고 있는 사람들의 무역과 여행에도 일조해, 전 세계의 사상, 재화, 기술 들이 획기적으로 교류되었다고 한다.

속도가 느린 조선의 봉수와 파발

고대부터 멀리서도 잘 보이는 높은 산봉우리에서 연기나 불을 피워 전쟁과 같은 긴급한 상황을 알리던 일을 하던 곳이 봉수대이다. 봉수는 횃불烽과 연기燧를 의미하는 한자이다.

기록에 의하면 우리나라의 봉수대는 삼국시대부터 사용되었으며, 고려시대에 이르러 체계적으로 확립된 것으로 알려져 있다. 조선 초기에는 610여 개의 봉수대가 설치되었다. 각 봉수대에는 5개의 봉화가 있어서 중요도에 따라 1개부터 5개의 봉화를, 낮에는 연기로 밤에는 횃불로 올렸다.

조선시대 봉수도 노선

봉수대는 주로 국가의 안위와 관련 있는 전쟁 관련 정보를 긴급하게 보고할 때 사용되었다. 평시에는 1개, 적이 나타났을 때는 2개, 국경에 접근할 경우는 3개, 국경을 넘어서 침략할 경우는 4개, 적과 교전이 발생하면 5개를 올렸다. 하지만 날씨 문제로 봉화를 올릴 수 없을 때에는 봉졸들이 직접 다음 봉수대까지 가서 보고해야만 했다.

전국의 봉수는 경흥함경도, 동래경상도, 강계평안도 동쪽, 의주평안도 서쪽, 순천전라도 등 5개 봉수대를 기점으로 해서 최종적으로 한양 목멱산서울 남산의 봉수대로 집결되었다.

변방에서 한양까지 봉수에 의한 보고 시간은, 이론적으로 계산하면 2시간이었지만 평균 12시간은 족히 걸린 것으로 알려져 있다. 시간당으로 추정하면 30~40km의 속도이다.

봉수제는 고려시대 왜구 침략에 대비하기 위해 대대적으로 혁신되었고, 조선 세종대왕 시기에 크게 강화되었다. 그런데 조선 중기인 1592년 임진왜란 발생 당시에는 기능이 제대로 작동하지 않아 일본의 침략이 제때 보고가 되지 않았다. 한양 조정에서는 침략 4일 후에야 공문으로 보고를 받고 일본 침략 사실을 알았다

한편 조선시대 당시 한양 조정에서 지방 관가에 공문을 보내거나 또는 지방 관가에서 조정에 보고나 소식을 전하기 위해 걸음이 빠른 사람이 달려서 전달했는데, 이런 일을 하는 사람을 보발步撥이라고 했다. 또한 전쟁의 발발, 외적의 침입과 같은 긴급한 공문 전달이나 보고를 위해서는 말을 타고 갔는데 이를 기발騎撥이라고 했다. 이러한 조선시대의 공문 전송 제도가 파발제이다. 기록에 따르면 파발제는

임진왜란 이후에 봉수제의 문제점을 해결하기 위해 본격적으로 도입되면서 체제가 개편되었다고 한다.

파발로는 서발, 남발 및 북발의 3개가 있었는데, 서발은 한양에서 평안도 의주까지로 주로 기발이 운영되었다. 남발은 한양에서 부산 동래까지, 북발은 한양에서 함경도 경흥까지였으며 주로 보발이 운영되었다. 서발이 주로 기발로 운영된 까닭은 중국과의 외교 관계를 고려해 빠르게 외교 업무를 처리하기 위해서였다.

수도 한양에서 부산 동래까지의 남발은 거리는 약 940 리였고, 보발이나 기발이 다니는 길을 동래로 혹은 영남대로라고 불렀다. 파발로에는 25~30리마다 역참을 두었는데 대동여지도에 따르면 전국에는 205개의 역참이 있었다. 이 역참에서 보발꾼이 쉬어 가거나 기발이 마패에 새겨진 말 숫자에 따라 말을 바꾸어 탔다.

조선의 파발은 24시간에 300리약 120km를 가는 것이 기본 규정 속도였다. 300리를 기본 속도로 할 경우 보발의 평균 속도는 시속 약 13리5km정도였을 것으로 추정된다. 우리나라의 지형이 대부분 산악임을 감안하면 나름대로 빠른 걸음으로 걸었던 듯하다. 임진왜란 당시 선조 임금은 경상좌수사 박홍이 보낸 일본의 침략 보고를 전쟁 발발 4일 후인 1592년 4월 17일 받은 것으로 조선왕조실록에 기록되어 있다.

조선과 몽골의 정보 전달 속도 측면에서 파발제와 역참제를 비교해 보면, 몽골은 40km마다 역참을 건설했는데 말의 속도가 시속 40~50km 정도이므로 한 시간쯤 거리마다 역참이 있었다. 몽골은 공문을 역참에서 릴레이 방식으로 다음 기발에게 전달해 말의 평균 이동 속도가 떨어지지 않도록 했다. 결국 몽골은 하루에 최대 1,000km 정도의 속도로 보고가 가능했다. 당시 기준으로 세계 최고의 속도를 자랑했다. 수백 년 후에 운영된 조선의 파발제와 비교해도 8배 이상 빠른 속도임을 알 수 있다.

조선의 정보 전달 체계의 문제점은 병자호란 때 적나라하게 드러났다. 1636년 누루하치의 뒤를 이은 홍타이지는 국호를 후금에서 청으로 바꾸고 조선에 사신을 보냈는데, 조선 조정에서는 야만인들이 스스로 황제로 칭했다고 문전박대를 하고 말았다. 청의 사신들이 돌아갈 때는 백성들이 돌까지 던졌다고 한다. 청은 명을 치기 전에 후방에 있는 조선과의 안정적 관계를 원했기 때문에, 이러한 조선의 태도는 청으로서는 묵과할 수 없는 상황이었다. 그 해 말에 홍타이지는 병자호란을 일으켜 조선을 침범했다. 명을 대대적으로 공격하기에 앞서 그의 아버지가 했던 것처럼 후방의 조선을 무력으로 묶어두기 위해서였다.

약 12만 명의 기병대를 동원해 얼어붙은 압록강을 간단히 넘어 침략해 왔다. 침략 5일 만에 청천강 지역인 안주를 지나 평양과 대동강 남쪽인 황주까지 신속하게 쳐들어왔다. 조선이 청의 침략에 전혀 준비를 못한 것은 아니었다. 청이 공격하면 산성에서 장기전으로 응전할 계획을 갖고 있었다. 하지만 청은 길목 중간에 있는 조선의 산성들은 공격도 하지 않았다. 오로지 수도인 한양으로 신속히 진격해 임금인 인조를 생포하는 데만 집중했다. 산성에서 농성을 하려던 조선의 지구전 작전 계획이 청의 기마부대의 **빠른 속도전**에 허를 찔린 것이다.

청의 선봉 기마부대는 조선의 파발마보다 빠르게 진격해 파발마가 모두 청의 선봉 기마부대에 잡혔다. 6일 만에야 가까스로 한양 조정에 파발마가 도착했지만, 조정에서는 청의 침략에 대한 첫 보고를 너무 늦게 받고 말았다. 이때는 이미 청의 선봉 기마부대가 한양 근처에 도착한 상태였다. 인조 임금은 한양을 버리고 강화도로 천도하기로 결정했으나 청의 선봉 기마부대에 길이 막혀, 강화도와는 반대편에 위치한 남한산성으로 도망갈 수밖에 없었다.

당시 조선은 신생국인 청에 비해 경제적, 사회적, 군사적으로 우위에 있었다. 하지만 청의 기습적인 기마부대 침입에 임금을 포함한 군사 지휘부가 와해됨으로써 제대로 싸우지도 못하고 패배했고, 청과 군신의 관계를 맺는 굴욕을 당하고 말았다.

실제로 조선은 인구수도 청나라보다 더 많았고 경제력도 조선이 한 수 위였다. 동원할 수 있는 군대의 숫자도 중앙의 친위군만 5만여 명에, 지방에서 동원할 수 있는 군대도 10만 명이 넘었으므로 청의 10만 기마부대에 비해 더 많았다. 또한 청은 장기전을 준비하지 않고 조선을 침략했다. 만약 조선의 봉수제나 파발제가 제대로 작동해 좀 더 일찍 방어 체제를 갖추었다면, 또 인조가 강화도로 피신해서 장기전에 돌입했다면, 청은 경제적 요인과 보급 문제로 철수할 수밖에 없었을 것이다.

>>
속도전과 지구전
경쟁에서 이기는 본질은 같다

    군사학에서는 속도전에 대립되는 개념으로 지구전을 얘기한다. 나폴레옹의 군대가 러시아에서, 히틀러의 독일군이 소련에서 전쟁이 장기화되면서 초기의 승세를 유지하지 못하고 결국 패퇴하게 된 것이나, 기원전 3세기에 카르타고의 명장 한니발 장군이 신속한 기병을 앞세워 이탈리아 반도를 유린하다가, 로마의 파비우스 막시무스의 지구전 전략에 휘말려 4년간 남부 이탈리아에서 전선이 교착상태에 빠지고 전력이 소모되면서, 결국에는 전세가 역전되는 계기가 된 것 등이 역사적으로 유명한 지구전의 사례이다.
    지구전은 일반적으로 국토가 광대하거나 험준한 지형을 가진 국가가 전력이 월등한 적군을 맞아, 결전을 피하고 최대한 시간을 끌어서 적군의 전력을 소모시키고 보급품 부족과 오랜 전쟁으로 지친 적군을 격퇴시키는 것이다. 지구전은 자국 내에서 전쟁이 장기간 지속되면서 특히 민생에 막대한 피해를 감수해야 하므로, 국민들의 절대적인 지지를 확보하지 않으면 승리하기 어렵다. 그러나 마냥 전투를 피하는 것이 아니고, 지형에 익숙한 점을 활용해 게릴라전 등 비정규전을 병행 전개해야 지구전의 효과가 배가된다.

형세, 그리고 속도전과 지구전

손자는 형세形勢를 얘기했다. 형形이란 전쟁에서 객관적으로 보여지는 군사력이나 국가의 전반적인 역량이라 할 수 있고, 세勢란 전쟁에서 인위적으로 조성되는 일종의 힘을 말한다. 손자는 세勢를 가리켜 물살의 흐름이 빠르고 거세어 바위조차 떠내려가게 하는 것이라고 비유했다. 내가 상대보다 힘이 약해 형形에서는 차이가 날 수 있지만, 상대보다 높은 곳에서 위치의 차이를 활용해 세勢를 조성함으로써 상대를 이길 수 있다.

이는 중국의 모택동이 항일전쟁 시기에, 지구전을 하더라도 국지적으로는 속도전을 병행해야 한다고 주장한 것과 맥락을 같이 한다. 전반적인 전력은 일본군에 비해 터무니없이 열세이지만, 특정한 국면에서는 세勢를 조성해 상대를 압도할 수 있고 그 경우엔 과감하게 속도를 높여 상대를 공격해야 한다는 것이다.

일반적으로 속도전과 지구전을 서로 대립적인 개념으로 이해하지만, 손자가 말한 형세形勢의 관점에서 보면 사실 두 전략은 본질적으로 같은 원리이다. 경쟁은 상대적인 것이다. 내가 경쟁 우위를 가지고 있을 땐 속도전을 펴서 유리한 고지를 선점해 단기적으로 승부를 결정짓고, 상대가 우위를 가지고 있을 땐 자신이 유리한 부분에서만 싸우면서 최대한 시간을 끌다가 상대가 허점을 보이는 순간에는 신속히 공격을 전개한다. 속도의 관점에서 보면 내가 주도적으로 공격해야 할 때인지 아닌지를 판단하되, 일단 때가 되어 공격을 시작하게 되면 나의 강점이 발휘되도록 신속히 속도를 높여 승부를 내는 것이 경쟁에서 이기는 원리이다.

국지적 속도전을 병행한 모택동의 지구전

1937년 중일전쟁이 발발하자, 1938년 5월에 중국 공산당 모택동은 장정을 끝낸 지역인 중국 산시성 연안에서, 〈항일 유격 전쟁의 전략 문제〉와 〈지구전론〉이라는 제목의 글을 동시에 발표하면서 일본에 대한 지구전 전략을 주장했다.

전쟁 개시를 전후해 중국은 두 가지 상반된 입장이 있었다. 하나는 전력이 월등했던 일본과 전쟁하면 패할 수밖에 없다는 필패론이었고, 다른 하나는 서방과 러시아 등 서구 열강의 지원을 끌어들일 수 있고 국민당의 정규군 200만 대군이 있으므로 속전속결로 승리할 수 있다는 속승론이었다.

그러나 모택동은 3단계의 지구전 전략을 주장했다. 1단계는 일본이 공격해 오면 중국은 방어에 치중하는 시기이고, 2단계는 일본이 보수적 전략을 전개하는 반면 중국은 반격을 준비하면서 유격전으로 대응하는 시기이고, 3단계는 중국이 진격하고 일본이 수비하는 시기이다.

특히 그 중 2단계는 장기적으로 지속되며 중국의 국토는 파괴되고 민생은 참혹해지는 매우 견디기 힘든 간고艱苦의 기간이 될 것이라고 했다. 하지만 이 전쟁은 반식민 반봉건 상태의 중국이 일본의 제국주의에 항거해 싸우는 정의로운 전쟁이므로 반드시 승리할 수밖에 없다고 했다. 따라서 인민들에게 전쟁의 의미와 지구전으로 인해 감내해야 하는 고난에 대해 설명하고 동참을 구하는 정치공작과 정치동원이 필요하다고 주장했다.

모택동이 구체적으로 밝힌 전략 방침은 많은 내용을 시사한다. 그는 1단계 및 2단계에서 주동적이고 민첩하게 계획적으로 '방어전 중의 진공전進攻戰, 공격전을 의미', '지구전 중의 속도전'을 수행해야 한다고 구체적인 전략 방침을 제시했다. 또 전쟁에서 중요한 것은 무기가 아니고 민중이라고 강조하면서 무기의 열세는 민중의 지지와 대동단결로 보완할 수 있다고 했다. 결과적으로 중국은 거대한 국토를 이용해 무려 8년 간 전쟁을 끌면서 일본의 전력과 자원을 고갈시키는 소모전을 통해 승리를 쟁취했다.

군사력의 절대적 열세에 있었던 중국은 속도전보다는 지구전을 택해 전쟁 초기 일본군의 예봉을 피하고, 광활한 국토와 절대다수인 인구를 레버리지로 해 일본군의 전력과 자원을 소모시키되, 국지적으로 속도의 우위를 갖고 있을 경우에는 과감하게 속도를 높여 속전속결을 하는 유연성을 발휘했다.

 이는 근본적으로 속도전의 성공 조건을 이해하고 있었기 때문에 구사할 수 있는 작전이었다. 게다가 장기적인 지구전으로 인한 피해와 고난을 견뎌내기 위해서는 인민에 대한 정치공작과 정치동원이 중요함을 강조했다는 점에서 모택동의 전략적 혜안을 엿볼 수 있다.

 물론 중일전쟁의 경우 중국은 국토 면적이 광대한데다 인구 대국이었고, 전쟁이 자국 내에서 벌어지고 있었기 때문에 지구전이란 전략을 채택해 성공할 수 있었다는 점을 감안해야 한다.

 군사학에서 지구전을 택하는 이유는 전력이 월등한 적의 예봉을 피하기 위해, 속전속결하는 적극적 전략을 택하지 않고 전쟁을 장기화시켜 적의 힘을 빼는 것이다. 한편, 기업 경영에서는 경쟁자가 압도적으로 우월한 역량을 가지고 있을 경우에, 전면전, 정규전을 피하고 국지전, 비정규전을 통해 자신의 강점을 최대한 활용해 세력을 확보하다가, 환경 변화로 경쟁자가 틈을 보이기를 기다리는 경우를 지구전 전략이라고 부를 수 있겠다.

중국 경제정책의 지구전 전략

중국 정부는 1990년대 개방 초기에 자본과 기술을 도입하고, 경제성장의 추동력을 확보하기 위해 적극적으로 외자기업을 유치했다. 특히 2001년 WTO에 가입하면서 관련 법령과 제도를 시장 지향적으로 개혁하고 정비해, 외자기업이 중국에서 경영 활동을 하는 데 불편을 느끼지 않도록 최대한 배려하는 모습을 보여 주었다. 그 영향으로 이후 약 10년간은 외자기업들이 너도 나도 중국에 몰려들어 생산기지와 시장을 확보하고 과실을 향유하기 위해 다방면에서 노력을 기울였다.

그러다보니 필연적으로 대부분의 산업에서는 총생산 공급 능력이 시장 수요를 훨씬 초과하게 되었다. 이러한 과잉 공급 능력은 중국 내수뿐만 아니라 글로벌 시장 전체를 뒤흔드는 심각한 문제가 되었고, 그 와중에서 살아남기 위한 기업 간 경쟁의 치열함은 이루 말로 표현할 수 없는 정도였다. 시간이 흐르면서 중국 정부는 외국인 지분 제한, 외국 기업의 인수합병 제한 등 외자기업들에 대한 우대를 점차적으로 축소하는 조치를 취했고, 과거 중국의 고도성장기를 향유했던 외자기업들은 이제 중국 시장의 성장률 둔화와 비용 증가에 따른 수익률의 급격한 저하에 직면하게 되었다.

한편 중국의 로컬기업들은 외자기업 특히 다국적기업들을 통해 선진 기술과 경영 노하우를 어느 정도 습득하면서 비약적으로 성장했다. 중국은 Global Standard 가 아닌 Chinese Standard가 지배하는 시장이다. 독자적인 시장 구조와 거래 관행을 가지고 있으며 소비자 테이스트Taste

도 독특하다. 로컬기업들은, 독특한 경쟁 지형을 가지고 있고 모든 방면에서 빠른 변화를 보이고 있는 거대한 자국 시장을 외자기업들보다 훨씬 잘 알고 대처할 수 있었다. 그래서 이미 적지 않은 분야에서 외자기업들이 로컬기업과의 경쟁에서 패배하고 명맥만 유지하거나 사업을 철수하는 경우가 발생하고 있다.

초기에는 마치 매력적인 메가 마켓Mega Market인 중국 시장이 외국기업들에게 다 넘어간 것같이 보였지만, 개방 이후 20여 년의 세월이 흐른 현재 시점에서 보면 경쟁 양상이 바뀌어 로컬기업들이 득세하기 시작한 것이다. 이러한 현상은 중국 정부가 처음부터 의도한 것인지는 알 수 없으나, 결과적으로 시간의 축을 긴 흐름에서 보고 전개한 전형적인 지구전의 사례라고 이해할 수 있다.

중국의 자동차산업을 예로 들어 보자. 중국의 자동차 제조업은 모두 외국 기업과의 합작으로 출발했다. 불과 4~5년 전만 해도 중국에 가보면 길거리에서 보는 자동차들 대부분은 합작으로 생산된 외국 브랜드 자동차였다. 마치 중국 자동차 시장은 외국 브랜드가 점령해 버린 것 같았다. 그러나 합자기업에 대한 중국 정부의 적절한 통제 및 국산화 의무 정책에 힘입어, 중국 기업들은 그간 자동차 제조에 대한 경험과 기술을 축적해 왔다. 최근 통계를 보면, 2016 상반기에 중국 내수시장에서 판매된 자동차 중 토종 중국 업체가 무려 43%의 점유율을 차지했다. 아직 한국 기업에 비해 60% 수준의 낮은 가격에 판매되긴 하지만 이젠 품질 격차도 크지 않다고 한다. 소비자의 취향과 생활 패턴을 더 잘 이해하고 발 빠르게 상품에 반영해, 실내 공간을 크게 디자인하고 SUV를 중점 공략하는 등 토종 기업의 강점을 유감없이 발휘해 점유율을 급속히 확대하고 있다. 더 나아가 미니밴과 소형트럭으로 틈새시장을 적극적으로 공략해 한국 내수시장에서 중국차 수입이 급증하고 있다. 그뿐이 아니다. 중국 정부는 미래의 자동차인 전기차 시장에서 주도권을 잡기 위해 전기차 내수시장을 적극적으로 육성하고 있다. 정부의 전폭적 지원 하에 이미 중국 시장은 전 세계 전기차 시장의 40%을 차지하고 있고, 이러한 내수시장의 규모를 레버리지로 해 중국의 전기차 생산량은 이미 세계 1위이다.

1994년 최초로 '자동차공업 산업정책'을 제정해 시행한 지 20여 년이 지난 시점에서, 중국 정부는 그간 아마 의도적으로 펼쳐왔던 지구전 모드를 서서히 속도전으로 방향을 선회하고 있다고 할 수 있을 것이다.

자신만의 속도전략, 베트남의 보 응웬 지압 장군

구약성경에 나오는 다윗과 골리앗의 싸움은 약자가 강자와 싸워 이긴 이야기로 잘 알려져 있다. 다윗은 나이 어린 양치기 목동으로 전투 경험도 전무하지만, 청동갑옷과 칼과 창으로 무장한 키 2미터가 넘는 거구의 골리앗과 1:1 대결에서, 돌팔매질로 골리앗의 약점인 미간을 공격해 승리한다는 내용이다. 이 이야기를 경쟁의 관점에서 본다면, 다윗은 골리앗이 절대적 우위를 가지고 있는 근접전을 피하고 자신의 강점인 민첩성과 장기인 돌팔매질을 활용해 골리앗의 급소를 공격함으로써 승리를 쟁취한다는 것이 핵심이다.

겉으로 보기에 절대적 강자로 보여도 사실은 약점이 있게 마련이고, 자신이 왜소하고 약해 보여도 강점화할 수 있는 특성이 있다는 것이다. 경쟁전략의 요체는, 나와 상대를 잘 알고 나의 특성을 강점으로 삼아 나의 온 힘을 집중해 상대의 급소를 공략하는 것이다. 이렇게 하면 역경도 기회로 반전시킬 수 있다.

베트남 독립전쟁의 영웅 보 응웬 지압Vo Nguyen Giap 장군도 자신만의 속도전을 전개해 다윗과 골리앗의 싸움처럼 보였던 강대국 프랑스와 미국 등을 상대로 한 전쟁에서 승리했다. 특히 1954년 지압 장군의 베트남군이 월등한 전력을 가진 프랑스군과 싸워 승리한 디엔비엔푸 전투는, 프랑스군을 베트남에서 물러나게 하고 독립을 쟁취하는 결정적 계기였다.

제2차 세계대전이 끝났음에도 프랑스는 실질적으로 거의 100여

년간 식민지로 지배했던 베트남에게 독립을 허용하지 않고 있었다. 이에 호치민이 이끄는 민족주의 세력은 프랑스에 저항해 독립전쟁을 수행했다. 한편 베트남 독립군을 이끄는 지압 장군은 30세 이전까지는 군사학을 배운 적이 없는 인물이었다. 원래 기자와 교사를 하다가 공산당에 입당해 호치민을 만나면서 군대를 지휘하게 되었다.

당시 베트남의 민족주의 저항 세력은 군사적으로나 경제적으로나 전력이 월등했던 프랑스에 맞서, 속전속결을 피하고 전쟁을 장기화시키면서 게릴라전을 전개했다. 지압 장군은 절대적으로 우세한 프랑스군의 전력을 분산시키기 위해 자신의 군대를 여러 방향으로 이동시켰다. 이에 프랑스군은 라오스와의 국경에 위치한 길목인 디엔비엔푸에 난공불락의 요새를 건설하고 일전을 준비했다.

화력과 장비가 월등했던 프랑스군은 당연히 승리를 낙관했다. 하지만 지압의 군대는 디엔비엔푸를 포위하고 집요하게 공격한 끝에, 55일 만인 1954년 7월 프랑스군의 항복을 받아냈다. 프랑스군은 지압의 군대가 105미리 곡사포를 가지고 나타날 줄은 전혀 예상을 못했다. 그들은 중장비를 분해해 짊어지거나 밧줄로 몸에 묶어서 끌고 하루에 800미터씩 3개월에 걸쳐 무기를 이동시켰고, 200대의 자전거를 동원해서 강과 정글을 통과해 식량을 운반했다.

프랑스군의 항복으로, 베트남은 제네바협정에서 북위 17도선을 경계로 호치민의 공산당이 주도하는 북베트남과 미국의 지원을 받는 남베트남으로 나누어졌다. 몇 년 후 호치민이 이끄는 북베트남은 베트남의 독립을 위해 남베트남과 전쟁을 시작했고, 1961년부터는 베트남의 공산화를 우려한 미국의 직접적인 개입이 시작되었다.

전쟁이 한창이던 1968년을 기준으로 보면, 북베트남은 중국군을 포함해 52만 명이고 변변한 전투기 한 대 없었다. 반면에 남베트남은 미군 54만 명을 포함해 183만 명으로 북베트남의 3배 이상의 병력을 보유하고 있었다. 그리고 수천 대의 전투기와 헬리콥터를 동원해 제2차 세계대전 때 사용된 것보다 훨씬 많은 양의 폭탄을 베트남전에 투입했다. 병력과 화력에서 비교할 바가 못 되었지만, 북베트남은 이러한 열세에도 불구하고 12년에 걸쳐 끈질긴 지구전을 전개한 끝에 1973년에 종전 협정을 맺었고, 1975년에는 마침내 미국을 베트남으로부터 철수하게 했다.

결정적으로 국면의 전환을 이끌어 낸 것은 1968년 1월 테트설날 공세였다. 북베트남군은 남베트남의 주요 시설을 동시에 공격해 사이공현 호치민시의 미국대사관을 일시적으로 점령했으나, 남베트남군과 미군의 반격으로 북베트남의 정규군과 게릴라군 총 3만여 명이 전사했다. 군사적으로 북베트남은 큰 타격을 입었다. 하지만 언론 보도를 통해 베트남 전쟁의 피해와 실상을 목도하고, 쉽게 전쟁이 끝날 수 없다는 것을 깨달은 미국인들 사이에 반전 여론이 본격적으로 확대되기 시작했다. 테트 공세 4년 후인 1972년 3월, 북베트남군은 남베트남 지역에 대한 대대적인 부활절 공세를 감행했다. 하지만 북베트남 지역까지 포함하는 미군의 전면적 공습으로 북베트남은 10만 명에 이르는 사상자를 내는 피해를 입었다. 이에 북베트남과 미국은 협상의 필요성을 느끼고, 드디어 1973년 1월 종전 협정에 서명했다.

지압 장군이 후일 프랑스나 미국에 대항한 북베트남의 승리 원인과 그가 구사한 전략에 대해 다음과 같이 설명했다. 전쟁이란 군사적인 측면뿐이 아니고 정치적, 외교적 측면을 함께 보아야 하는 종합적 전쟁Synthesized War이다. 북베트남은 베트남의 독립이라는 대의명분에 따라 인민들의 지지를 받았고, 그들과 함께 전쟁을 했기 때문에 승리할 수 있었다. 또한 미국과의 전쟁에서 북베트남의 목표는 절대적으로 우세한 전투력을 가지고 있는 미군을 굴복시켜 승리를 쟁취하는 것이 아니고, 그들의 전쟁 의지를 꺾는 것이었다. 그런 의미에서 본다면 테트 공세로 북베트남은 군사적으로 큰 타격을 받았지만, 미국의 전쟁 수행 의지를 꺾어 전쟁을 종결하는 데는 성공한 것이다.

지압은 '작은 것으로 큰 것을 이긴다.', '적음으로 많음과 맞선다.', '질로 양을 이긴다.'는 세 가지 전략을 가지고, 이에 대한 실천 전술로서 '적이 원하는 시간을 피하고', '적이 낯익은 장소를 멀리 하고', '적이 원하는 방법으로는 싸우지 않는다.'는 3불 지침을 내렸다. 프랑스와 미국은 변변치 않은 무기만 가지고 참호와 땅굴을 파서 대항하는 적을 경시했다. 하지만 지압은 다윗과 마찬가지로 자신의 특성을 살려 강점화하고 적의 약점을 공격함으로써, 압도적인 전력의 우위를 가지고 있는 강대국과의 전쟁을 승리로 이끌었다.

미국은 월등한 화력을 활용해 속전속결을 원했으나, 베트남은 상대의 속도에 맞추지 않고 자신의 속도로 전쟁을 수행했다. 한 마디로 프랑스나 미국과 다른 방식으로 전쟁을 정의하고 베트남 방식으로 싸워 이긴 것이다.

지구전과 속도전을 배합한 LG전자의 미국 시장 공략

GoldStar골드스타라는 상표를 사용하던 ㈜금성사는 저가 이미지를 탈피하기 위해 LG전자㈜로 사명을 변경하고, 새로운 브랜드인 LG를 사용하기로 결정했다. 1997년부터 해외시장에서 브랜드 교체 작업을 시작했다. 그러나 미국에서는 천문학적 규모의 브랜드 교체 예산이 필요하고, 또 당시의 제품력으로는 브랜드 교체 효과가 미약할 것이라는 판단을 해 GoldStar 브랜드를 그대로 유지했다.

그러다가 브라운관 TV가 평판 TV로 바뀌면서 시장이 크게 요동치던 2000년대 초반에 기회가 왔다. LCD TV와 PDP TV에는 Zenith제니스 브랜드, 모바일폰에는 LG 브랜드를 붙여 판매하기 시작했다. 이 제품들은 경쟁사와 충분히 경쟁할 수 있는 프로덕트 리더십Product Leadership을 보유했다고 판단했기 때문이다. 얼마 지나지 않아 GoldStar, Zenith, LG 3개 브랜드가 뚜렷한 구별이 없이 섞여서 사용되고 있어서, 브랜드 전략의 재정립이 필요하다는 사실을 절감하게 되었고, 백색가전 제품도 LG 브랜드로 교체할 계획을 세웠다.

당시 미국의 백색가전 시장은 베스트바이Best Buy, 서킷시티Circuit City, 시어즈Sears, 로우즈Lowe's, 홈데포Home Depot 등 소수의 리테일러가 유통을 장악하고, 켄모어Kenmore, GE, 월풀Whirlpool, 메이택Maytag 등의 전통적인 미국 브랜드가 과점하는 구조였다. 백색가전 제품은 부피가 크고 무거우며 그 지역의 주거 문화나 생활 방식과 밀접한 관련이 있다. TV가 전 세계에서 거의 유사한 제품을 사용하는 글로벌 프로덕트Global

Product임에 반해, 백색가전 제품은 지역별로 크게 상이한 로컬 프로덕트 Local Product의 특성을 갖는다.

이러한 상황에서 LG전자는 우선적으로 미국 시장에 대한 노하우를 취득하고 제품력을 확보하기 위해, 1단계로 세탁기와 냉장고의 고급 모델을 미국의 시어즈와 GE 등 메이저 업체들에게 OEM으로 공급하는 전략을 채택한다. 시어즈는 제조 시설은 보유하지 않고 아웃소싱으로 제품을 구매해, 자신의 유통채널인 시어즈 백화점에서 켄모어 브랜드로 판매해 약 15%의 시장점유율을 가지고 있었다. 그들은 제품 라인업의 적합성, 품질에 대한 신뢰 등으로 그 동안 월풀 등 미국의 제조업체로부터만 아웃소싱을 하고 있었는데, 원가경쟁력 확보와 제품 차별화 등을 위해 새로운 공급업체 발굴이 절실했다.

한편 GE는 전통적인 가전제품 제조업체였으나, 세월이 흐르면서 항공기 엔진, 발전기, 의료기기 등이 주력사업이 되었다. 가전제품 사업은 그룹 내 비중이 낮아짐에 따라, 투자가 수반되는 제조 시설의 확장은 피하고 필요한 제품을 아웃소싱하는 전략을 구사했다. 당시 LG전자의 제품력, 개발력, 원가경쟁력은 GE가 원하는 공급업체의 요건과 딱 맞아 떨어졌다.

LG전자는 시어즈, GE와 제품을 공동 개발해 초기의 시행착오를 최소화하고, 제품 개발력 측면에서 상승효과를 얻을 수 있었다. 제품과 품질에 대한 자신감을 확보한 후, 2단계로 2002년에는 냉장고, 세탁기, 전자레인지 중 일부 프리미엄 모델만을 선정해 각 지역의 리져널Regional 유통을 대상으로 백색가전 제품의 LG 브랜드 판매를 시작했다.

미국의 가전제품 유통은 전국적 규모의 유통망을 가진 내셔널 체인 National Chain이 약 65%, 리져널 유통이 약 35%의 점유율을 가지고 있었다. 리져널 유통은 내셔널 체인과 힘거운 경쟁을 하고 있었으므로 차별화된 제품의 배타적인 확보가 필요했다. 때마침 LG전자가 꽤 괜찮은 제품을 가지고 전폭적인 마케팅 지원을 제안해 왔으므로, 미국의 유통업체들은 새로운 LG 브랜드의 런칭을 반겼다. 내셔널 체인 중에서는 우선적으로 베스트바이에만 진입해 영앤드테키Young & Techie 소비자를 타깃으로 공략했다. 이와 같이 선별적이고 점진적인 채널전략에 기반해 소수의 리져널 유통 및 베스트바이와의 파트너십에 집중함으로써 미국 유통의 교두보를 확보했다.

유통명(점유율)	LG 진입시점	Partnership 배경	LG In-Store Share('15년)
Regional(34%) hhgregg	'02년 상반기	■ Premium Brand building을 위한 초기 마케팅 집중 지원	26%
Best Buy(8%) BEST BUY	'03년 5월	■ Circuit City 침체 이후 LG를 통한 Young & Techie 소비자 공략 전략	37%
Home Depot(10%) HOME DEPOT	'05년 7월	■ Lowe's와의 경쟁관계에서 Premium Brand Offering의 열세를 극복하려는 전략으로 LG와 제휴	37%
Sears(33%) SEARS	'07년 3월	■ Whirlpool의 견제와 방해로 진입 지연 ■ LG 제품력과 Brand Power에 대한 인정	17%
Lowe's(15%) LOWE'S	'13년 2월	■ Home Depot와의 경쟁관계에서 Premium Brand offering의 완벽성을 갖추기 위한 전략으로 LG 제품 런칭	25%

유통 진입 전략

그 후 3단계로는 우수한 프로덕트 리더십을 가진 드럼세탁기와 양문형 냉장고를 중심으로 내셔널 체인을 공략하고 제품 커버리지를 늘려 나갔다. 내셔널 체인 중에 홈데포가 먼저 거래를 시작했다. 그들은 경쟁업체인 로우즈에 대한 열세를 만회하기 위해 LG와 같은 혁신적 제품을 가진 신규 브랜드의 영입이 절실하게 필요했다. 홈데포와의 거래를 통해 LG전자는 가정배달Home delivery, 콜센터Call Center, IT시스템 등의 운영 노하우를 확보했다. 시장에서 LG 브랜드의 존재감이 생기면서 자연스럽게 시어즈, 로우즈 등 대부분의 내셔널 체인에 입점하게 되었다. 시장과 제품에 대한 노하우를 습득한 후 LG전자는 DD모터Direct Drive motor, 스팀워시Steam Wash 세탁기 등 독보적으로 차별화된 기술을 앞세워, 거의 매년 새로운 모델을 출시함으로써 매우 빠르게 시장을 리드해 나갔다.

이러한 노력의 결과로 LG전자는 2007년에 미국 드럼세탁기Front Loader Washer 시장에서 1위를 차지한 후 계속 그 지위를 유지하고 있고, 미국 주요 백색가전 시장에서는 시장점유율 2위를 차지하는 눈부신 성과를 이루어 냈다.

속도의 관점에서 LG전자의 사업전략을 되새겨 보자. 미국의 백색가전 시장에 LG 브랜드로 진입하기 위해, 스스로의 역량이 미비했던 초기에는 서두르지 않고 대형 OEM 거래를 통해 제품과 시장에 대한 노하우를 축적했다. 진입 단계에서는 경쟁 브랜드를 자극하지 않기 위해 주변 유통인 리져널 유통과 소규모로 거래를 시작해 자신의 역량을 집중했다. 미국 시장에서 LG를 일류 브랜드로 정착시키겠다는 큰 그림

안에서, 제한된 영역에만 자신의 역량을 집중하고 때를 기다리는 지구전을 택한 것이다. 수년간 서두르지 않고 인내하면서 확실하게 시장을 리드할 수 있는 독보적인 제품을 준비하고, 인력과 자금 등의 마케팅 자원을 확보했다. 여건이 성숙한 이후에는 자신의 강점인 제품 혁신 역량을 레버리지로 해 신제품 개발을 경쟁사보다 압도적인 속도로 전개함으로써, 유통과 소비자의 관심을 끌고 미국의 전통적인 강호들을 추월해 백색가전 시장의 리더로 자리매김했다.

미국에서 백색가전은 성장이 정체된 성숙기의 제품이고, 4~5개의 브랜드가 과점하고 있는 시장이었다. 제조업체들은 현상을 유지하고 투자를 크게 하지 않으려는 경향이 강했다. 그들은 냉장고, 세탁기와 같이 부피가 커서 신제품 개발에 거액의 기구 비용Tool Cost과 개발 인력이 소요되는 제품에 대해서는, 한번 개발하면 수년 간 최소한의 외형 디자인만 변화시켜서 판매하는 관행을 반복하고 있었다. 이렇게 고답적인 방식으로 운영이 되던 시장에 LG전자가 과감히 인력과 자금을 투입해, 새로운 디자인과 혁신적인 기능의 제품을 거의 매년 지속적으로 출시했

	'03년	'05년	'07년	'13년	'16년
Front Loader	3%	13%	23%	26%	27%
시장 지위		4위	1위	1위	1위
세탁기 전체	1%	6%	12%	17%	17%
시장 지위		7위	5위	2위	3위

미국시장 LG 브랜드 Market Share추이

다. 리테일러와 소비자들은 크게 환영했으나, 미국의 경쟁사들이 단기간에 따라가기에는 너무 숨가쁜 일이었다.

　LG전자의 성공 비결은 경쟁 상황을 잘 파악해 지구전과 속도전을 적절히 배합했고, 특히 경쟁 업체들이 따라가기 힘든 속도로 신제품을 시장에 선보여 경쟁 우위를 확보한 것이라 하겠다.

제3장

속도와 기술혁신

산업혁명은 속도 혁신의 역사이다

>>>

　근대에서 지금에 이르기까지 몇 차례의 산업혁명이 있었다고 할 수 있다. 증기기관은 제1차 산업혁명의 근간, 전기와 통신을 통한 혁신은 제2차 산업혁명, 컴퓨터와 인터넷은 제3차 산업혁명, 융합은 현재 전개되고 있는 제4차 산업혁명이라고 구분하기도 한다.

　증기기관은 그 이전과는 다르게 물건의 생산 속도, 이동 속도 등 물리적 속도에 엄청난 변화를 가져왔고, 전기와 통신은 사람들의 생각과 소식을 전달하는 속도를 획기적으로 혁신했다. 산업혁명을 일으킨 새로운 동인이 무엇이든 간에 산업혁명은 속도 혁신의 역사였고, 각각의 산업혁명의 주요 관심사도 속도 그 자체였다고 볼 수 있다. 각각의 산업혁명이 일어나면서 그전과는 다른 속도 증가에 따른 새로운 경쟁력이 확보되었기 때문이다.

증기기관
생산 속도를 혁신하다

증기기관의 발명으로부터 시작된 제1차 산업혁명은 물리적 속도에 엄청난 변화를 가져왔다. 인력을 대체해 좀 더 효율적으로 물건을 대량생산하고자 하는 기업가와 과학자들의 노력으로 증기기관을 이용한 각종 생산 기계가 발명되었고, 산업의 모든 영역에 영향을 끼쳤다. 산업혁명은 기계가 사람의 노동과 가축을 활용한 생산을 대체하면서 역사적으로 경험하지 못한 엄청난 속도혁명을 이루었다.

증기기관의 발전과 철도를 이용한 빠른 이동으로 이전까지의 수작업에 의한 생산과는 판이하게 다른 빠른 생산과 소비가 가능해졌다. 물건의 생산 속도, 이동 속도가 빨라졌으며 그에 상응하는 소비시장이 형성되었다. 그야말로 과거와는 다른 속도의 혁신이 이루어졌다고 할 수 있다. 속도는 경쟁력의 원천이 되었으며, 경쟁자보다 더 빠르게 생산하고 배송하는 것이 생존의 원칙이 되었다.

제임스 와트, 증기기관을 혁신하다

산업혁명에서 증기기관은 인류 역사의 시대를 구분하는 이정표이다. 증기기관이 점차적으로 인간의 육체노동을 대체하면서, 사람들은 육체노동보다는 정신 활동에 더 큰 가치를 두게 되었다. 공장에서도 증기기관을 활용함에 따라 사람의 노동력에 의존한 생산보다 빠르게 생산할 수 있는 구조를 가지게 되었다.

산업혁명 초기 증기기관은 주로 석탄광산에서 갱도의 물을 뽑아 올리는 데 사용되었다. 당시 석탄 채굴은 다른 산업의 발전을 견인하는 중요한 산업이었다. 영국을 포함한 대부분의 유럽 선진 국가들은 목재 부족으로 새로운 에너지원이 필요한 상황이었고, 영국은 대량으로 매장된 석탄을 채굴하는 데 많은 노력을 기울였다. 노천 근처의 석탄이 점점 고갈됨에 따라 땅속 깊은 곳의 석탄 채굴이 활발하게 이루어졌다. 철광석을 캐는 기술이 석탄 채굴에 활용되었다.

석탄 채굴에는 많은 노동력이 투입되었다. 석탄 갱도에 철로가 부설되고 인력으로 채굴된 석탄이 궤도차에 실려서 운반되었다. 이러한 과정은 인간의 노동력만으로는 극복하기 힘든 과정이었다. 특히 석탄 채굴 과정에서 발생하는 갱도 안의 물을 배수 처리하는 문제는 당시의 기술로는 쉽게 해결하기 어려운 일이었다. 수십 명의 인력과 수십 마리의 말이 필요했고 시간도 많이 걸렸다.

이 문제를 해결한 것은, 영국의 대장장이로 탄광을 자주 방문했던 토머스 뉴커먼Thomas Newcomen, 1664~1729이 1712년에 개발한 증기기관이었다. 뉴커먼의 증기기관을 이용하면, 그동안 수십 명의 사람과 수십 마리의 말이 일주일 동안 하던 일을 단 하루에 처리할 수 있었다. 토마스 뉴커먼이 개발한 초기 증기기관은, 석탄으로 가열된 증기가 실린더에 들어가면 피스톤이 올라가고, 광산에서 뽑아낸 차가운 물을 실린더에 넣으면 수증기가 응축되어 피스톤이 내려오게 하는 원리로 되어 있다. 이 피스톤의 상하운동이 지렛대를 통해 배수펌프를 작동시켜 물을 뽑아내는 구조이다.

하지만 뉴커먼의 증기기관은, 주입된 차가운 물의 일부가 실린더 안에서 증기로 바뀌면서 피스톤이 충분히 아래로 내려오지 않아 동력이 약해졌다. 반대로 증기를 없애기 위해 차가운 물을 너무 많이 주입하면 실린더의 온도가 너무 내려가서 증기의 힘이 약해져 피스톤이 충분히 위로 올라가지 못했다. 때문에 뉴커먼의 증기기관은 충분히 강한 동력을 얻기 위해서 많은 석탄이 소비되었고, 따라서 석탄의 공급이 원활한 석탄광산 근처에서만 사용될 수밖에 없었다.

이러한 문제점을 해결하고 증기기관을 새롭게 혁신한 사람이 영국의 제임스 와트James Watt, 1736~1819이다. 그는 이러한 문제점을 해결하기 위해 증기의 응축을 실린더가 아닌 별도의 기관에서 처리해, 실린더의 증기를 응축시키기 위해 차가운 물을 사용하지 않아도 되게 했다. 피스톤의 상하운동을 모두 증기압을 이용함으로써 상하운동을 회전운동으로 바꿀 수 있도록 했다. 이렇게 함으로써 뉴커먼의 증기기관보다 석탄의 소비는 획기적으로 줄이면서 효율은 뛰어나게 할 수 있었다.

산업혁명에서 증기기관을 주목하는 이유는 산업혁명의 핵심이 '기술혁신을 통한 자동화'에 초점을 맞췄기 때문이다. 석탄의 에너지 비중은 산업혁명 전 5% 수준에서 50% 수준으로 급격히 늘어났으며, 석탄 생산량도 17세기 말 3백만 톤 수준에서 산업혁명이 본격화된 18세기 말에는 7백만 톤 수준으로 급격하게 늘어났다. 석탄의 급격한 생산성 향상은 뉴커먼과 와트 등에 의해 증기기관의 획기적인 기술혁신이 있었기 때문에 가능했다.

무엇보다도 와트의 증기기관은 석탄광산이 아닌 곳에서도 사용할 수 있었다. 방적기같이 회전운동이 필요한 기계의 동력원으로 사용되면서 가내수공업 수준의 산업을 공장 산업으로 변모시켜 생산성을 기하급수적으로 향상시켰다. 영국의 연도별 면제품 수출액 추이를 보면 산업혁명 이전에는 증가가 미미했으나, 산업혁명이 시작된 18세기 중엽에 들어서는 10배 이상 급격하게 증가했음을 알 수 있다. 또한 증기기관은 증기기관차 같은 새로운 교통과 운반 수단의 동력으로 사용되었고, 해상에서는 범선을 대체하는 증기선의 엔진이 되었다.

(단위: 파운드)

년도	수출액
1709	5,182
1729	9,605
1749	19,667
1769	211,606

영국의 년도별 면 제품 수출액 추이　　출처 : 영국 산업혁명의 재조명, 서울대출판부, 김종현

풀턴의 증기선, 범선을 대체하다

증기선을 최초로 상용화한 사람은 미국의 로버트 풀턴Robert Fulton,1765~1815이다. 영국에서 선박 지식을 획득한 풀턴은 프랑스의 주미대사였던 리빙스턴Robert Livingston, 1746~1813의 재정 지원으로 프랑스에서 증기선을 만들었으나 실패했다. 그 후 미국으로 돌아온 그는 계속 증기선을 연구해 1807년에 길이 45m에 4.6m의 복수 외륜을 가진 노스리버North River호를 제작해 허드슨강을 따라 뉴욕과 올바니Albany 간에 상용 운항을 시작했다.

뉴욕에서 올바니까지 240km의 거리를 32시간이면 도착할 수 있었다. 당시 범선으로 4일 정도의 항해 시간이 필요했던 것과 비교하면, 증기선으로 여행 시간을 획기적으로 줄일 수 있었다.

증기선의 사용이 확대됨에 따라 증기선으로 대양을 횡단하는 시도가 생겨났다. 1838년 영국에서 만들어진 시리우스Sirius호와 그레이트 웨스턴Great Western호가 대서양 횡단에 성공했다. 증기선을 통한 미국과 영국 간의 횡단에는 약 13일이 걸렸다고 한다. 기존 범선은 20일 정도가 걸렸음을 감안하면 꽤 빠른 속도로 대서양을 횡단했음을 알 수 있다.

그러나 초기의 증기선은 범선을 확실히 대체하지는 못했다. 선주들은 무료인 바람 대신 비싼 석탄을 추진력으로 사용하는 것을 심하게 반대했고, 선원들은 자신들의 일이 없어지는 것에 불만이 많았다. 하지만 증기기관의 성능이 좋아지고, 바람의 영향을 받지 않고 원하는 속도로 바다와 강을 누빌 수 있는 장점이 드러나면서, 범선은 서서히 도태되기 시작했다.

스티븐슨, 증기기관차의 속도 혁신을 이끌다

영국의 리처드 트레비딕Richard Trevithick, 1771년~1833은 와트의 저압 증기기관보다 크기는 훨씬 작으면서도 더 저렴한 고압 증기기관을 개발했다. 그리고 이를 이용해 철제 궤도를 달리는 증기기관차를 만들어, 1804년에 70명의 승객과 10톤의 물자를 싣고 웨일즈의 머셔티드빌Merthyr Tydfil에서 애버시넌Abercynon 간의 철로를 시속 6.4km로 운행하는 데 성공했다. 트레비딕이 만든 기관차는 페니대런Penydarren이라고 불렸다. 페니대런은 사람의 걷는 속도인 시속 3~4km보다 조금 빠른 수준이었다.

이후 1825년 영국의 조지 스티븐슨George Stephenson, 1781~1848이 로커모션Locomotion호라는 증기기관차를 개발해, 영국 잉글랜드 북부의 노섬벌랜드 탄전Northumberland Coal Field지대인 스톡턴Stockton과 달링턴Darlington 간의 여객 및 물자 수송용 철도에 투입하면서 철도 운송 사업을 시작했다. 스티븐슨의 로커모션호는 90톤의 석탄을 싣고 시속 19km로 이동했으며, 운행 시간은 1시간 이상 소요되었다. 로커모션호의 속도는 일반 자전거 주행 속도인 시속 20km 수준이었다.

1830년에는 리버풀과 맨체스터 노선에, 보일러에 연관煙管을 많이 넣어서 증기가 더 많이 발생할 수 있도록 개량한 로켓호를 투입했다. 로켓 호는 시속 22km 속도로 운행했다. 1830년 이후부터 대부분의 유럽 선진국에서 증기기관차용 철도 부설을 시작하면서 철도 운송이 본격적으로 시작되었다. 1840년대 이르러 영국은 2,400km의 철도를 건설했으며, 프랑스와 독일은 약 400~500km의 철도를 건설했다. 이미 영국은 유럽의 다른 선진국과는 비교할 수 없을 정도로 철도를 건설하고 산업을 빠르게 발전시켜 속도 경쟁력을 갖출 수 있었다.

한편 영국에서는 철도 건설에 따라 금속, 기계, 연료 등이 대량으로 필요해지면서 관련 산업도 발전했다. 영국에서 철도산업이 다른 산업에 미친 영향을 구체적으로 살펴보면, 19세기 후반 철 생산량의 40% 정도를 철도와 철도 차량 생산에 소비했고, 기계 생산의 20%는 철도 관련 기계장비였으며, 생산되는 석탄의 10%를 증기기관차에서 연료로 사용했다. 영국은 화물 운송에 주로 운하를 이용해 왔는데, 1852년까지 철도가 1만 2천km나 건설되면서 철도 운송이 운하 운송을 추월해 주 운송 수단으로 자리를 잡았다. 영국은 증기기관차의 도입과 철도 건설로 금속, 기계, 석탄 등 다른 관련 산업도 필연적으로 발전했다.

기술혁신과 미국의 물류 운송 경쟁

1828년 미국의 오대호 중의 하나인 이리호Lake Erie와 허드슨강을 연결하는 이리운하Erie Canal가 완공되었다. 길이가 584km에 달하는 긴 운하이다. 이 운하의 개통으로 오대호 주변에서 생산되는 식량, 철광석, 석탄, 공산품을 운하와 허드슨강을 통해 뉴욕항까지 바로 수송할 수 있어서 교역이 더욱 편리해졌다.

이는 미국 동부와 중서부에 교통혁명을 일으킨 일대 사건이었다. 운하의 완공으로 기존의 주요 수단이었던 마차보다 빠른 운송이 가능해졌고, 대량의 물자를 안전하게 운송할 수 있게 되었다. 또 운송 비용도 10분의 1로 절감되고 운송 시간도 20일에서 6일로 단축되었다. 그러나 미국 북부의 겨울은 매우 추워서, 겨울철에는 결빙으로 배로 물자를 운송하기가 힘든 단점도 있었다. 미국의 운하에 의한 속도혁명은 오래 가지 못했다. 1830년부터 철도가 건설되기 시작했기 때문이다.

미국은 영국의 영향을 받아 전국적으로 철도를 건설했으며, 필요한 증기기관차를 독자적으로 생산했다. 마티아스 볼드윈Matthias Baldwin, 1795~1866은 영국의 증기기관차를 연구해 미국에 맞는 증기기관차를 개발해 생산했다. 몇 번의 실패를 거듭한 끝에 올드 아이언사이즈라는 증기기관차를 개발했다. 그 후에도 발전을 거듭해 볼드윈사는 100여 년 동안 미국의 최대 증기기관차 제작회사가 되었다.

초기 미국의 철도는 급커브가 많아서 영국으로부터 수입한 기관차는 충분한 성능을 낼 수 없었다. 이에 볼드윈사는 4-4-0형 기관차를 개발해 보급했다. 이 기관차는 앞에 2개의 소형 바퀴와 중간에 2개의 대형 바퀴를 가진 기관차로, 어메리칸 스타일 기관차라는 애칭을 가질 정도로 미국의 선로에 적합한 기관차였다.

이후 기술이 진보함에 따라 증기기관을 대체하는 기술이 개발되었다. 디젤기관차는 증기기관에 비해 높은 열효율을 갖고 있었다. 디젤기관차는 디젤엔진으로 전기를 생산해 모터를 구동함으로써 기관차를 움직이는 구조로, 증기기관차에 비해 출발과 정차가 훨씬 용이하고 정비도 훨씬 쉬운 편이었다. 1930년대부터 증기기관의 단점을 혁신한 디젤기관차는 본격적으로 증기기관차를 대체하기 시작했다.

볼드윈사는 이미 기술적으로 더 진보한 디젤기관보다 증기기관의 개선에 힘쓰며 더 좋은 증기기관을 만들기 위해 노력했지만, 결국은 디젤기관의 효용성을 뛰어 넘지 못하고 파산하기에 이르렀다. 철도에 필요한 기관차는 성능이 개선된 증기기관차가 아니라 성능 좋고 효율적인 엔진을 장착한 기관차였다. 하지만 볼드윈사는 증기기관의 개선에만 집중함으로써 운송의 본래 목적인 빠르고 안전한 이동 원칙을 달성하지 못했고, 결국은 디젤기관차에 밀리게 된 것이다.

기술혁신이 선도하는 새로운 속도 경쟁 시대

1930년대부터 증기기관차에서 디젤기관차로 기관차의 지위가 넘어가고 이후 디젤기관차가 승승장구하나 싶더니, 이제 여객용 기관차는 소위 고속열차라고 하는 전기구동형 열차로 바뀌고 있다. 고속열차는 디젤기관차와는 차원이 다른 빠른 속도를 보장한다. 아직은 주요 노선에만 투입되어 있고, 고속 주행에 적합한 대규모 신규 철도 궤도 건설이 필요한 상황이지만, 점차 장거리 노선에 적용되고 있다.

한국은 선진국보다 늦은 1960년대 말에 증기기관차에서 디젤기관차로 주력 기관차가 바뀌었다. 도시 내 열차 수송은 전기기관차가 담당하고 도시 간 수송은 디젤기관차가 담당하는 상황에서 2004년부터 고속철도가 개통되어 노선이 확장되고 있는 추세이다.

현재 한국은 시속 300km가 넘는 KTX Korea Train eXpress를 운용하고 있다. KTX는 프랑스의 테제베 TGV, Train a Grand Vitesse의 기술을 받아들여 2005년에 정식 개통했으며, 서울~부산, 서울~광주 노선을 운용하면서 고속열차 시대를 선도하고 있다. 2010년부터는 우리 손으로 개발한 산천이라는 고속열차도 투입해 운영하고 있다. 1905년에 개통된 철도 노선인 서울~부산 구간 열차는 당시 15시간이 소요되었는데, 요즈음은 2시간 40분에 주파하니 정말로 격세지감이라 하겠다.

고속철도 선진국인 독일 ICE, Inter City Express, 일본과 신흥국인 중국이 고속열차를 자체 개발해 운용하고 있다. 프랑스의 TGV는 최고 시속 570km, 중국은 시속 480km, 일본의 신칸센은 시속 440km까지 속도를 올리고 있다. 이러한 열차의 속도 경쟁의 핵심에는 전기 동력 장치가 있다. 고속열차에 전기 동력 장치를 채용함에 따라 이제 디젤기관차는 화물용 기관차로 자리를 옮기게 되었다.

기관차 종류	속도	제작
페니대런호	4km	트레비식
로커모션호	19km	스티븐슨
로켓호	22km	스티븐슨
파시형 증기기관차	95km	볼드윈사 제작
디젤기관차	110km	현대로템
전기기관차	150km	현대로템
KTX 산천	300km	현대로템

기관차 속도 비교표

속도 경쟁의 관점에서 보면 KTX의 등장으로 이제 철도는 비행기, 고속도로와 치열한 경쟁을 하게 되었다. 빠른 비행기, 안전한 기차, 편리한 자동차로 구분되던 이동 수단이, KTX 등장 이후에는 KTX와 비행기가 경쟁하는 구도로 바뀌었고, KTX가 급속히 세력을 확장하고 있는 중이다. 물론 KTX는 시내 중심지까지의 접근성이 비행기보다 우수한 점이 가장 큰 매력이 될 것이다.

최근에는 궤도와 바퀴 간에 마찰 없이 궤도 위를 떠서 달리는 자기부상열차가 인천국제공항과 중국 상하이 등의 단거리 노선에 실험적으로 투입되어 있다. 자기부상열차는 가까운 미래에 시속 500km 이상의 빠른 속도로 고속열차를 대체할 것으로 예상되고 있다.

세계 최대의 전기자동차 업체인 테슬라의 CEO인 일론 머스크Elon Musk는 시속 1,000km 이상의 속도를 낼 수 있는 하이퍼루프Hyperlop, 음속자기부상열차 개념을 제안해 2016년 미국의 네바다주에서 실험에 성공했다. 머스크는 향후 캘리포니아의 로스엔젤레스와 샌프란시스코까지의 613km 구간에 하이퍼루프를 건설해, 30분 안에 이동이 가능하도록 한다는 구상도 발표했다.

하이퍼루프는 자기부상열차의 원리와 동일하지만, 자기부상열차를 진공의 터널 안에서 움직이도록 하는 점에 차이가 있다. 공기 저항이 없는 진공의 터널에서 캡슐형 기관차로 이동함으로써 고속의 성능을 보장할 수 있다. 이러한 유형의 열차가 등장하면 비행기와 거의 맞먹는 속도로 이동이 가능할 것이다. 서울에서 약 9,000km 정도 떨어져 있는 파리까지 가는 데 9시간 정도면 충분할 것이다.

증기기관을 적용한 초기의 증기기관차는 시속 20km 내외였다. 현재 실용화된 전기 고속철도는 시속 300~400km로 초기 증기기관차 대비 15배 이상의 빠른 속도이며, 자기부상열차가 실용화되어 전기 고속철도보다 3배 이상 빠른 시속 1,000km 이상의 속도를 내는 날도 멀지 않은 것으로 보고 있다.

유라시아 철도 연결 사업

KTX는 전국을 일일생활권을 넘어 반나절 생활권으로 만들면서 사고의 단위가 전국으로 펼쳐졌다. 또한 단위시간에 처리할 수 있는 양이 커져, 과거에는 생각할 수 없었던 것들이 가능해지면서 인식의 지평이 확대되었다.

러시아에서 개통한 9,334km의 시베리아 횡단철도는 그 당시 러시아의 국가 통합에 혁혁한 기여를 했다. 러시아 정부가 프랑스로부터 받은 차관으로 시작한 공사는, 26년 간의 대공사 끝에 완성했다. 시베리아 철도가 개통되지 않았다면 러시아 사람은 시베리아를 자신의 영토로 인식하지 않았을 수도 있다.

과거 캐나다가 영연방일 때, 서부 해안의 브리티시 컬럼비아주는 미국 합병과 영연방 가입을 놓고 결정을 해야 했는데, 영연방 가입을 조건으로 몬트리올과의 철도 연결을 요청했다. 캐나다 횡단철도는 목재, 광업, 농업, 수산업을 비약적으로 발전시키는 계기가 되었다. 철도로 이 산물들을 동부로 수송해 유럽 지역으로 수출할 수 있었다. 캐나다 횡단철도의 연결로 인해 브리티시 컬럼비아주의 밴쿠버 주민들의 인식의 지평이 멀리 유럽까지 펼쳐질 수 있었던 것이다.

미국도 철도 건설로 지역 단위의 인식에서 통합된 미국의 국가 인식으로 확대되었다. 동부 연안의 도시들은 자신들의 기준으로 열차시간표을 만들었고, 서부 연안의 사람들은 서부 기준으로 열차시간표를 만들었기 때문에 열차 시간이 매우 혼란스러웠다. 특히 열차를 중간에 갈아

타야 할 경우에는 지역별 시간의 차이로 인한 혼란이 아주 극심했다. 이런 사회적, 시간적 혼란이 정리된 것은 시민들의 요구에 따라 철도회사들이 4개 표준시로 열차시간표를 만들기로 합의했기 때문이다. 이것은 미국 시민의 인식이 그동안 주나 지역 단위에서 전국 단위로 확대되었기 때문에 가능했던 것이다.

철도가 개설되기 전에는 세계시간이라는 개념이 없었지만 철도가 개통되면서 세계시간의 필요성이 제기되었다. 캐나다의 철도회사에 다니던 측량기사 샌퍼드 플레밍Sandford Fleming은 고향인 아일랜드 여행 도중에 영국으로 돌아가는 기차를 놓쳤다. 이때 그는 나라마다 틀린 열차시간표를 정비하기 위해서는 지역별로 상이한 시간을 표준화할 필요성이 있음을 느꼈다. 그는 세계를 24개 지역으로 구분해 각 지역마다 1시간씩의 시차를 적용하는 세계표준시간을 만들었다. 이것이 지금 사용하고 있는 세계표준시간제Universal Time Coordinated의 계기가 되었다.

우리나라도 러시아, 중국과 고속도로를 연결하고, 아울러 KTX를 러시아의 시베리아 횡단철도TSR, Trans-Siberian Railway, 중국의 만주 횡단철도TMR, Trans-Manchurian Railway, 중국 횡단철도TCR, Trans China Railway, 몽골 횡단철도TMGR, Trans-Mongolian Railway 들과 연결해 중국과 몽골, 시베리아를 포함해 유라시아 전역이 커버되는 운송 네트워크를 만들면, 우리의 세계관과 인식에 큰 변화가 올 것이다.

>>
전기통신
정보 전달 속도를 혁신하다

문자가 발명되기 전에 인간들은 멀리 떨어져 있는 사람들에게 자기의 의사를 전달하기 위해서는 크게 소리 지르는 방법밖에 없었다. 사람의 소리는 불과 몇백 미터밖에 전파되지 않으므로 아주 멀리 떨어져 있다면 빠르게 뛰어가서 전달했을 것이다. 인류가 문자를 발명한 후에는, 자신의 지식과 경험을 글로 쓴 문서나 서한 등을 상대편에게 전달하는 방식이 오랜 기간 주요한 통신 방식 중의 하나로 사용되었다. 하지만 전달의 즉시성 관점에서 보면 이러한 통신 방식은 효율적이지 못했다.

제2차 산업혁명의 핵심 동인으로 언급되는 전기와 통신은 물리적 속도뿐만 아니라 사람들의 생각과 소식을 빠르게 이동시킬 수 있는 혁신을 이루었다. 전기통신의 발명 전에는 사람들의 생각과 소식이 한 달, 일주일에 걸쳐서 세계로 전파되었다면, 전기통신의 발명으로 불과 몇 시간, 몇 분 단위로 전파될 수 있게 되었다.

전신에 의해 시작된 근대 전기통신은 정치, 경제, 사회, 문화 활동을 변화시켰을 뿐만 아니라, 외교와 전쟁도 과거와는 다른 양상으로 변모시켰다. 과학자들의 지속적인 호기심으로 발명된 여러 정보 기기들로 인해, 이제는 과거에는 상상도 할 수 없을 정도로 많은 정보가 생성되어 빠르게 지구 전역으로 전파되는 시대가 되었다. 마침내 지구 상에서 아무리 멀리 떨어진 곳과도 실시간으로 다양한 통신을 할 수 있을 정도의 기술력을 갖추게 되었다.

통신은 정보의 전달과 순환을 원활하게 한다. 즉 생각과 소식을 공유하는 기본 인프라이다. 하지만 공유뿐만 아니라 정보를 독점한 자가 승리자가 된 사례를 역사에서 쉽게 찾아 볼 수 있다. 통신 속도가 빠른 문명이 늦은 문명을 정복해 왔다. 통신의 발전에 따라 정보의 선점이나 독점으로 경쟁에서 우위를 확보하려는 노력이 계속되고 있다. 또한 통신의 발전은 증기기관이나 디젤기관처럼 물리적 속도를 혁신한 기계들을 더욱 원활하고 효율적으로 가동할 수 있도록 도와주었다.

마라톤의 승전보

고대 그리스의 연합국과 페르시아의 전쟁 때, 그리스의 승리 소식을 전달하기 위해서 한 병사가 마라톤 평원에서 아테네까지 달려서 소식을 전하고 죽었다는 이야기가 있다. 고대에는 급한 소식은 사람이 직접 가서 전달하지 않으면 안 되었기 때문이다.

　B.C. 5세기경 소아시아 지역의 이주 그리스인들은, 페르시아가 자치권을 빼앗고 총독을 임명해 직접 통치를 감행하자, 아테네의 도움을 받아 반란을 일으켰다. 당시 소아시아 최강대국인 페르시아제국의 다리우스 1세Darius 1, B.C. 550~B.C. 486는 반란을 영구히 막고자 반란 지원 세력인 그리스 아테네를 정복하기로 결심하고, B.C. 492년 1차 그리스 원정을 했다. 하지만 마케도니아의 아토스Atos반도 근처에서 큰 폭풍을 만나 페르시아의 함선 300여 척이 침몰하는 등의 불운으로 정복을 포기하고 되돌아갔다.

　B.C. 490년 다리우스 1세는 2차로 그리스 원정군을 파견했고, 원정군은 아테네 공략을 위해 마라톤 평원에 상륙했다. 이에 그리스군은 아테네의 밀리아데스Miliades 장군의 작전 계획에 따라 마라톤에서 유리한 지역을 선점하고 적과 결전을 벌이기로 했다.

　아테네의 시민으로 구성된 1만여 명의 그리스 중장갑 군단은 밀리아데스 장군의 지휘 아래 재빠르게 이동해 마라톤 평원이 잘 보이는 산기슭에 포진했다. 양국의 주력부대 간의 지루한 대치가 이어졌지만 누구도 먼저 공격을 감행하지 못하면서 며칠이 흘렀다. 한편 페르시아는 그리스 주력이 마라톤 평원에 있으므로 아테네의 방비가 상대적으로 허술해진 것을 간파하고 작전을 변경했다. 부대를 두 개로 쪼개어, 1만 명의 주력부대는 직접 아테네를 공격하기 위해 함선으로 다시 승선하고, 나머지 1만 5천 명의 부대만으로 대치 중이던 그리스의 중장갑 군단과 일전을 벌일 준비를 했다.

그리스는 이러한 페르시아 진영의 변화를 파악하고, 공격이 방어보다 더 위험하지만 선제공격하기로 결정했다. 마라톤에서의 전투가 장기화되면, 페르시아의 아테네 공격을 막아낼 지원 여력이 부족해 아테네가 쉽게 함락될 것을 염려했기 때문이다.

공격이 개시됨과 동시에 그리스의 중앙군은 페르시아의 정예 핵심 보병대를 중앙으로 유인하면서 조금씩 뒤로 후퇴했다. 동시에 그리스의 좌익과 우익의 중장갑 군단은 페르시아의 양날개 진영을 과감하게 공격해 전열을 무너뜨리면서 승기를 잡을 수 있었다. 전세가 이렇게 되자, 양날개 진영을 잃은 페르시아의 정예 핵심 보병대는 그리스 진영으로 깊게 들어온 형국으로 고립되어 그리스군에게 완전 포위될 수밖에 없었다. 이 전투에서 그리스군의 사상자는 190여 명에 지나지 않았지만, 페르시아군의 사상자는 6천 4백여 명이나 되었다. 그리스는 뜻밖의 대승을 거뒀다.

한편 페르시아군 주력부대의 공격에 직면한 아테네 시민들은 이들을 막아낼 힘이 없어, 마라톤에 있는 밀리아데스 장군의 군대가 승리해 자신들을 도우러 오기를 간절히 바라고 있었다. 밀리아데스 장군의 군대가 도우러 올 수 없다면 아테네 시민들은 자신들의 도시를 포기하고 떠날 수밖에 없는 상황이었다.

그리스군은 위기에 처한 아테네 시민들이 포기하지 않도록 승전 소식을 아테네에 최대한 빨리 알려야 했다. 승전보를 전할 병사로 뽑힌 파이디피데스Pheidippides는 마라톤 평원에서 아테네까지 30km가 넘는 거리를 단숨에 달려가 소식을 전했다. 하지만 지친 나머지 승리했다는 말만 전하고 바로 절명했다고 한다. 마라톤의 승전보를 들은 아테네 시민들은 자신들의 도시를 포기하지 않고 그리스 본대가 올 때까지 방비를 더욱 굳건히 할 수 있었다. 국가의 안위가 달린 위급한 상황에서 멀리 떨어진 마라톤 평원으로부터 빠른 시간 안에 아주 귀중한 정보인 그리스군의 승전보를 전달받았기 때문에, 아테네는 차분히 페르시아군의 공격에 대비할 수 있었다.

모스, 장거리 실시간 통신 시대를 열다

근대의 통신시스템인 전신이 발명되기 전까지 대부분의 통신은 인력과 말 등의 가축에 의존했다. 가까운 거리인 가시거리 내에서는 깃발을 신호로 사용하기도 했고, 사람의 목소리와 나팔, 북 등 인공적인 소리를 사용하기도 했지만 원거리 통신에는 한계가 있었다. 인력과 말 등을 사용하는 전근대적인 통신 방법을 획기적으로 혁신한 통신 방법이 전신에 의한 전보의 개발이었다. 전신은 그전의 통신 방법에 비해 거의 실시간에 가깝게 빠르게 필요한 소식을 상대편에게 전달할 수 있었다.

이러한 점에서 전신의 개발은 획기적인 역사적 사건이라고 할 수 있다. 전신의 개발로 인류는 처음으로 거의 실시간으로 통신을 할 수 있게 되었고, 세계는 실시간성을 기초로 바뀌는 계기가 되었다. 이후 실시간통신 방법이 다양하게 개발되고 발전함에 따라, 대량의 정보를 정확하게 전송하는 방법에 대한 기술 개발에 집중하게 되었다.

전신을 최초로 발명한 사람은 미국의 사뮤엘 모스Samuel Morse, 1791~1872다. 모스는 1837년 알파벳에 대응한 독자적인 기호와 전자기 송수신 장치를 개발하고, 최종적으로 모스부호를 완성해 미국 특허를 받았다.

원래 초상화가였던 모스는, 1832년 이탈리아에서 유학하고 미국으로 돌아가는 배 위에서 전자기학에 관해 실험하는 것을 보았다. 미국의 과학자 찰스 잭슨Charles Jacksons, 1805~1880이 보여준 실험으로, 전기로 전자석을 만들어 철을 끌어당기는 실험이었다. 모스는 이 실험을 보고 멀리 있는 곳에 신호를 보낼 수 있겠다는 아이디어를 얻었고, 결국 전신기를 만드는 데 성공했다.

모스의 전신기로 보내는 전기신호는 점과 선으로 구분되었는데, 전신기의 누름 장치로 전류의 개폐를 조정해 점과 선의 신호를 보낼 수 있었다. 모스부호는 전류 신호의 점과 선을 조합해 알파벳과 숫자를 표현한 것이다.

초기에 개발된 전신기는 단거리에서는 작동이 잘 되었지만, 장거리에서는 제대로 작동되지 않았다. 모스는 대학교수 2명의 도움을 받아 멀리까지 전류를 보낼 수 있는 릴레이를 개발해 장거리에서도 신호를 안정적으로 보내는 데 성공했다.

모스전신기가 개발되고 나서 한참 후인 1843년에야 미국의 워싱턴과 볼티모어 간에 시험 통신선을 개통했고, 1844년에는 세계 최초로 상용 전신으로 통신이 시작되었다.

이런 성공을 바탕으로 모스는 1845년에 미국 최초의 전신회사를 설립했다. 그 후 미국에는 수많은 전신회사가 설립되었다. 1858년에는 미국과 영국 사이에 해저 케이블이 설치되어 미국의 15대 대통령 뷰캐넌James Buchanan, 1791~1868과 영국의 빅토리아 여왕Queen Victoria, 1819~1901이 모스전신기를 이용해 통신을 했고, 1861년에는 미국의 동부와 서부를 가로지르는 통신을 담당하는 전신회사도 설립되었다.

링컨 대통령, 전신국에서 작전 지휘를 하다

전신은 많은 것들을 바꾸었는데, 전신을 가장 많이 활용한 분야가 새로운 소식을 전하는 신문일 것이다. 1844년 미국의 공화당 전당대회가 볼티모어에서 열렸는데, 워싱턴에서는 대통령 후보가 누가 되었는지가 초미의 관심사였다. 그때 위력을 발휘한 것이 전신이었다. 당시에는 주로 마차나 기차 편으로 먼 거리의 소식을 전달했는데, 전신은 거의 실시간으로 볼티모어에서 선출된 대통령 후보에 대한 소식을 워싱턴으로 전달했다. 이때부터 신문사들이 전신을 사용해서 기사를 모으기 시작했다.

전신의 출현은 유럽과 미국 간의 소식 전달에도 큰 영향을 미쳤다. 당시에 대륙 간의 소식은 증기선을 이용해 전달할 수밖에 없었기 때문에 증기선의 이동 속도인 13일이 걸렸다. 하지만 해저에 전신선이 깔린 이후부터는 유럽의 소식이 통신원을 통해서 실시간으로 전달되기 시작했다. 실제로 1847년 미국과 멕시코의 전쟁 소식이 실시간으로 신문에 기사화되었다.

전쟁을 수행할 때 작전 지휘를 위한 연락이나 첩보 및 정보 수집에도 전신을 활용하게 되면서, 전쟁의 양상이 이전과는 판이하게 달라졌다. 실례로 1861년에 발발한 미국 남북전쟁 때의 전투 승패는 전신에 의해 좌우되었다. 때문에 전쟁 중에 전신을 담당하는 사람들은 지휘소와 연결하는 전신주를 새로 가설해야 했고, 훼손된 전신주를 즉시 복구해야만 했다. 또한 적군의 전신을 도청해 작전명령을 알아내서 아군이 대응할 수 있도록 했다. 남북전쟁 기간 중에 링컨 대통령은 작전 지휘를 위해 전신국에서 보내는 시간이 많았다고 한다. 한때 남군의 공격으로 북군이 위기에 처하자, 링컨은 신속하게 전신으로 연방을 지지하는 주지사들에게 7만 명의 병력 충원을 요청했고, 많은 사람들이 북군에 들어와 남군과의 전투에 투입되었다. 신문도 역시 전신으로 전쟁 상황을 제시간에 보도했고, 전쟁 소식을 기다리던 사람들에게 날개 돋친 듯이 판매되었다.

북군에 비해 공업화가 늦은 남군은 통신에 관해서는 여러모로 불리한 상황이었다. 전신을 새로 가설하거나 복구하는데 필요한 전신 전문가가 부족해 어려움이 많았다. 전신을 기반으로 한 통신전의 우위는 북군이 승리하는 계기가 되었다고 할 수 있다. 링컨의 북군에는 전투 요원과 함께 통신을 담당하는 전신원이 같이 파병되었지만 남군은 그렇게 할 수 없었다. 실제로 남북전쟁 당시 북부의 전신 통신선은 2만 4천km에 달했으나, 남부는 6천 4백km 뿐이었다.

산업계에서도 전신은 많은 영향을 미쳤는데, 대부분의 상품에 대한 주문 처리, 가격을 전달하는 데에도 전신을 적극 활용함으로써 상품교역과 금융산업이 활성화되는 계기가 되었다.

마르코니, 무선통신 시대를 열다.

모스의 전신기는 유선이 설치되어 있어야만 통신이 가능했다. 철도의 확산은 철로 주변에 전신주의 설치를 용이하게 해 전신의 보급을 확대했다. 하지만 당시의 산업과 자본력으로는 모든 곳에 전신주를 설치하기는 쉽지 않았고, 이동 중에는 전신을 활용할 수도 없었다. 이런 문제는 무선전신이 개발됨에 따라 해결되었다.

무선전신을 발명한 사람은 이탈리아의 전기기술자인 마르코니 Guglielmo Marconi, 1857~1894였다. 무선은 1888년에 독일의 헤르츠 Heinrich Rudolf Hertz, 1887~1975라는 물리학자가, 영국 스코틀랜드의 맥스웰 James Clerk Maxwell, FRS, 1831~1879이 주장한 전자기파 이론을 토대로, 사람의 눈에는 보이지 않는 전자기파의 존재를 실험을 통해 증명하면서 본격적으로 개발되기 시작했다. 이후에 마르코니가 헤르츠의 전자기파 실험에 기초해 무선통신에 성공했고, 1896년에는 영국에서 무선통신 특허를 받았다.

마르코니는 조국 이탈리아에서 무선전신 사업이 정부의 무관심 때문에 좌절되자, 1897년에 어머니의 조국인 영국으로 건너가서 세계 최초의 무선전신 회사인 무선전신신호회사Wireless Telegraph and Signal Company를 설립해 무선통신 상용화를 시작했다.

1898년에는 영국과 프랑스 사이의 영불해협을 무선전신으로 통신하는 데 성공했다. 1901년에는 대서양을 횡단하는 영국과 캐나다 간의 무선통신에도 성공했고, 항해하는 배에서도 무선통신을 이용할 수 있게 했다. 1909년 마르코니는 무선전신 개발에 대한 공로로 카를 페르디난트 브라운Karl Ferdinand Braun, 1850~1918과 같이 노벨 물리학상을 수상했다.

1912년 대서양을 처녀 항해 중이던 타이타닉호가 거대한 빙산과 충돌해 침몰하고 있을 때 무선전신으로 구조 요청을 했다. 이 구조 요청 덕분에 근처를 항해 중이던 선박이 타아타닉호의 침몰 위치로 갈 수 있었고, 700명의 귀중한 목숨을 구조할 수 있었다.

마르코니의 무선통신 기술은 통신 인프라 비용의 절감에도 많은 기여를 했다. 대륙을 횡단하는 유선통신은 통신선을 가설하는 데에 많은 돈을 투자해야 했다. 특히 해저에 통신선을 가설하는 데는 비용뿐만 아니라 통신회선의 안전성도 높지 않아 투자를 꺼렸다. 하지만 무선통신은 투자 비용의 효율성뿐만 아니라 가설 시간도 절약할 수 있었고, 비교적 안정되고 유효한 장거리 통신수단이었다.

유럽과 미국은 더 효율적인 장거리 무선통신 기술에 지속적으로 관심을 가졌다. 파장이 길수록 더 멀리까지 통신된다는 사실을 알고 이에 대한 연구가 활발해졌으며, 통신 기술은 점점 진보했다. 1906년 진공관이 개발되면서 고주파 발생이 기술적으로 해결됨에 따라 효율적인 장거리 통신이 가능해졌을 뿐만 아니라, 중파 영역의 통신 기술도 개발되어 라디오 방송이 개시되었다. 대기권의 이온층 반사파를 이용한 단파도 개발되어 장파보다도 더욱 먼 초장거리 통신이 가능하게 되었다.

모스와 마르코니에 의한 유무선통신 실용화로 인류는 지구상 어느 곳에서나 실시간으로 의사소통할 수 있게 되었고, 경제, 산업, 행정, 국방 등 대부분의 영역에서 경쟁력의 원천이 실시간 속도에 있음을 각인시켰다.

양방향통신의 완성, 전화의 발명

전신은 무선이든 유선이든 모스부호로 통신이 이루어진다. 그래서 이전 세대의 통신 방법인 인편, 말, 우편 등에 비해서 실시간성은 확보되었지만, 문자에 의한 통신이라는 한계를 갖고 있었다. 문자로 수신된 내용은 누군가에 의해서 다시 수신자에게 전달되어야 했기 때문이다. 이 한계를 극복한 것이 전화의 발명이다.

실용적인 전화를 처음 발명한 사람은 미국의 알렉산더 그레헴 벨 Alexander Graham Bell, 1847~1922로 알려져 있었다. 하지만 2002년 미국 의회는 이탈리아의 안토니오 무치 Antonio Meucci, 1808~1889를 공식적으로 최초의 전화기 발명자로 인정했다.

벨이 전화의 특허를 내기 전에 이미 이탈리아의 안토니오 무치가 유선 전화기에 대한 가특허를 미국 특허청에 신청한 상태였다. 그가 웨스턴 유니온사와 전화기에 대한 실특허를 내기 위해 협상하는 사이에 불행히도 설계도와 함께 개발한 전화기 샘플을 분실했다. 그러자 웨스턴 유니온사는 벨에게 전화기 제작을 의뢰했고, 벨이 개발에 성공했다. 이 사이에 무치는 특허 비용을 지불하지 않아 특허청으로부터 가특허의 등록이 취소되었고, 1876년에 벨이 만든 전화기로 특허를 신청했기 때문에 벨의 특허가 최종적으로 등록되었던 것이다.

또 다른 발명가인 엘리샤 그레이Elisha Gray, 1835~1901라는 사람도 전화기 특허를 냈다. 하지만 선출원 원칙에 따라 벨의 특허만이 유효한 특허가 되었는데, 공교롭게도 그레이는 벨이 특허를 낸 같은 날 몇 시간 후에 출원했다고 한다.

벨이 전화를 개발하게 된 계기는 자신의 직업과 관련이 있다. 당시 벨은 농아들을 위해, 혀나 입의 움직임을 그림으로 설명하고 발성하게 하는 시화법Visible Speech System 교육을 담당하고 있었다. 벨은 전류를 이용해 소리를 내는 장치를 고안하면 시화법 교육에 효과적일 것으로 판단해 연구를 진행했다. 소리판의 울림이 유도 전기를 발생해 상대편 소리판에도 동일한 소리가 발생한다는 것을 알아냈고, 이 원리를 이용해 전화기를 발명했다.

미국 특허청이 전화기에 대한 특허를 내준 3일 후에 벨은 전화기 개발에 성공했다. 벨은 첫 전화 통화로 조수였던 왓슨에게 "왓슨씨 여기로 오세요. 당신이 필요해요Mr. Watson, Come here! I want to see you."라고 했다고 하는데, 이것이 세계 최초의 전화 음성 메시지로 알려져 있다. 1877년 벨은 벨 전화회사Bell Telephone Company를 설립했다. 이후 벨 전화회사는 미국전신전화회사American Telephone & Telegraph, AT&T로 확대되었다.

전화가 발명될 당시에는 기간통신 체계가 전신이었기 때문에 사람들은 전화와 전신의 차별성에 대해 잘 이해하지 못했다. 하지만 전신과 달리 전화는 다른 사람의 개입 없이 일대일로 생각과 의견을 교환할 수 있는 좋은 수단으로 사람들이 인식하기 시작하면서 차츰 관심을 갖게 되었다.

전화의 발명은 많은 변화를 이끌었는데 정보 전달의 속도가 빨라졌을 뿐만 아니라 비효율적이었던 사회의 정보 교환 체계가 획기적으로 바뀌었다. 예를 들면 전화는 정보 교환이 정확하고 효과적이었기 때문에 조직 체계의 복잡성이 증대되고, 이에 따라 많은 사람들이 근무하는 사무실의 집중화, 고층화가 가능해졌다. 또한 다른 미디어의 발전과 더불어 정보 격차가 해소되고 여성의 사회참여가 확대되는 계기가 되었다.

전화 보급을 획기적으로 확대시킨 자동 전화교환기

전화기가 보급됨에 따라 전화를 서로 연결하는 업무가 개시되었다. 교환기는 다중의 전화기로부터 연결을 원하는 상대편에게 접속해 주는 기능을 한다. 이 교환 기능이 없으면 엄청나게 많은 회선이 필요하기 때문에 꼭 필요한 서비스이다.

초기의 교환 업무는 사람이 직접 할 수밖에 없었다. 당시에는 전화번호가 있는 것이 아니고 사람의 이름과 주소로 전화를 연결해 주었기 때문에, 상대에게 전화를 걸려면 우선 교환원에게 전화를 걸어야 했다. 전화교환원은 지역의 정보를 실시간으로 제공해 주는 중개인 역할도 했다. 전화를 건 사람이 물어보는 날씨, 지역 상황 등에 대한 정보를 제공하고 간단한 상담도 했다고 한다. 지금으로 치면 실시간 개인화 정보 서비스인 것이다.

기술이 발전함에 따라 교환원 없이 자동으로 상대 전화에 접속하는 교환기가 도입되었다. 자동 전화교환기는 미국의 앨먼 스트로우저Almon B, Strowger라는 장의사가 개발해 특허를 출원했는데 발명하게 된 계기가 특이하다. 스트로우저는 어느 날부터인가 매출이 점점 줄어드는 것을 발견하고 원인을 찾기 시작했다. 그 지역의 사망률은 예전과 다름없었는데, 유족들이 자신에게 찾아오지 않는 이유가 라이벌 장의사의 부인이 전화교환원이기 때문이라는 사실을 알게 되었다. 사람들은 가족이 사망하면 전화교환원에게 장의사에게 전화가 되는지 물어보는데, 그 교환원은 곧바로 자신의 남편에게 전화를 연결해 주었던 것이다. 이에 화가 난 스트로우저는 교환원이 필요 없는 자동 전화교환기를 연구하기 시작해, 1891년 전자석을 이용한 자동 전화교환기를 개발했다.

결국 스트로우저는 자동 전화교환기의 발명으로 교환원이라는 직업이 사라지게 만들어, 라이벌 장의사의 부인인 교환원에게 복수를 할 수 있었다. 자동 전화교환기의 개발로 전화기마다 전화번호가 부여되었고 전화기가 급속하게 퍼져나갈 수 있는 계기가 되었다. 현재는 디지털교환기가 도입되어 교환원 없이 자동으로 정확하게 전화를 연결해 줄 뿐만 아니라 다양한 부가 서비스도 제공하고 있다.

전신과 전화의 발명으로 정보 전달 속도가 완전히 실시간으로 바뀌어 기존 패러다임으로는 생각할 수 없던 것들이 생겨나기 시작했다. 그전에는 정보 전달 속도가 몇 시간, 하루, 일주일 혹은 한 달 정도의 수준이었다면 전신과 전화 발명 후에는 1초 단위로 빨라지게 되었다. 전화를 받는 즉시 대응하는 체제가 구축되었고, '바로바로 긴급 대응'이라는 새로운 서비스 패러다임이 생기기 시작했다.

제 4 장

속도와 융합

융합은 속도의 효율을 높인다

>>>

　최근 정보기술의 발전에 따라 각 산업, 제품, 서비스 간의 융합 Convergence이 일어나고 있고, 그 결과로 새로운 형태의 산업과 제품 및 서비스가 탄생하고 있다.
　디지털 기술을 기반으로 해 음성, 데이터, 영상과 같은 정보의 융합이나, 방송, 통신, 인터넷과 같은 네트워크의 융합, 컴퓨터, 통신, 정보가전과 같은 기기의 융합 등 소위 디지털 컨버전스가 진전되고 있다. 다른 한편 자동차, 섬유, 의료, 건설 등의 기존 산업들에 소프트웨어가 입혀지면서 고도화되고 새로운 부가가치가 창조되고 있다. 향후에는 이로 인한 또 다른 속도의 변화들이 예상되고 있다.
　융합을 실행하는 사고는 컨버전스의 대상에 대한 가치 측면의 통찰력Insight이 관건이며, 그 통찰력을 실현하는 것이 소프트웨어라고 할 수 있다. 이 경우 융합은 직접적으로 속도를 혁신한다기보다는 속도를 좀 더 효율적으로 사용해 전반적으로 생활양식과 패턴을 더욱 유연하게 하는 것이다. 경직되고 변화가 힘든 하드웨어 중심 사회에서, 쉽게 바꾸고, 쉽게 연결하고, 빠르게 제공할 수 있는 유연성이 확보된 소프트웨어 중심 사회를 구현하게 되는 것이다.

>>
초고속 인터넷
컴퓨터와 통신이 융합하다

정보 및 데이터 처리, 이동 속도가 빨라진 데는 컴퓨터의 발전, 즉 반도체와 통신 기술의 발전이 직접적이고 중추적인 역할을 했다. 집적화, 소형화에 의한 컴퓨팅 속도의 발전과 정보통신 네트워크의 전송속도 발전은 서로 시너지 효과를 높여 우리 생활에 큰 변화를 가져왔고, 현대 사회의 핵심적 산업 발전의 원동력으로 자리매김하게 되었다. 이제 IoT와 스마트폰을 기반으로 무한대로 데이터가 생성되어 빅데이터 분석이 가능해졌고, 기존 전통산업은 서서히 소프트웨어 플랫폼 기반의 컨버전스 산업으로 변모되고 있다.

컴퓨터 네트워크는, 지역적으로 떨어져 있는 컴퓨터를 포함한 정보기기 간의 데이터 통신을 위한 하드웨어와 소프트웨어의 집합이라고 할 수 있다. 컴퓨터 네트워크 발전의 역사를 살펴보면, 최초의 데이터 통신은 1940년에 미국 벨연구소의 죠지 스티비츠George Stibitz가 원격 타이프라이터라는 기기로 수학 문제를 푸는 방법으로 시연되었다. 이 원격 타이프라이터의 구조와 모습은 현재의 컴퓨터용 단말기를 연상하면 된다.

시간이 흘러서 1969년에는 미 국방성에서 미래의 핵전쟁에 대비하기 위해 ARPANet_{Advanced Research Project Agency Net}이라는 군사용 네트워크를 만들었다. 이 네트워크는 핵전쟁이 일어나 통신선이 끊어졌을 때를 대비해, 통신시스템이 스스로 우회 경로로 통신을 할 수 있도록 하는 패킷 통신 방법을 적용했다. 여기에 사용된 핵심 네트워크 기술이 현재 인터넷의 기본적인 기술이 되었다.

인터넷의 등장과 확산은 인터넷 거래를 활성화해 시장에서 소비 속도가 빨라졌고, 스마트폰으로 대변되는 무선 인터넷의 발전은 물건의 이동 속도뿐만 아니라 개인의 생각까지 지구촌 곳곳으로 빠르게 전달해, 생각의 속도를 단축시키는데 중심적 도구가 되었다.

무선 인터넷 통신 기술의 핵심은, 스마트폰과 무선기지국이 통신을 하다가 이동을 하면 해당 기지국과 통신이 어려워지는데, 이때 다음 기지국이 신호를 받아서 계속 통신하는 기술이다. 초기에는 아날로그방식의 무선통신 기술을 적용했으나, 기술이 진보함에 따라 디지털방식의 무선통신으로 변모했다. 현재는 4세대인 LTE_{Long Term Evolution, 비동기식 이동통신 규격} 방식에서 좀 더 발전한 LTE-A 방식을 적용하는데 최대 150Mbps의 속도를 제공한다. 1초에 최대 18.7Mbyte의 데이터를 전송할 수 있는 속도로, 1Gbyte의 영화를 다운받는 데 54초 걸린다.

스마트폰은 전화를 위한 음성 통신과 인터넷의 데이터 통신뿐만 아니라 컴퓨터, 멀티미디어 기기, 카메라 등 다양한 정보 기기 역할을 겸하고 있기 때문에 사회 변혁의 중심에 설 수 있었다. 스마트폰의 새로운 기술인 앱 서비스App Service를 선보이면서 새로운 비즈니스 모델이 등장했는데, 이동성을 기반으로 한 카카오톡, 라인과 같은 메신저, 밴드, 페이스북, 트위터, 인스타그램 등 SNS Social Network Service, 배달의민족, 다방 등의 O2O Offline 2 Online 비즈니스나 피키캐스트의 큐레이션 서비스 등과 같이 셀 수 없이 많은 앱 서비스들이 인기를 얻고 있다.

슈퍼컴
대규모 고속 연산으로 과학혁명을 이끌다

컴퓨터의 핵심 부품인 CPU와 메모리가 진공관에서 반도체인 트랜지스터로 집적화되었다. 그리고 메모리의 용량이나 성능이 18개월이나 24개월에 2배씩 증가한다는 무어의 법칙에 따라 급속한 기술 발전이 이루어졌다. 이런 반도체 기술이 발전하면서 컴퓨터의 발전을 견인했고, 고속으로 대규모 연산을 수행하는 수퍼컴이 출현해 과학혁명이 가능해졌다.

컴퓨터의 역사를 보면 1950년대부터 기술 개발이 본격적으로 활발해졌다. 지금은 컴퓨터 없이 속도를 생각한다는 것은 상상도 할 수 없는 상황이 되었지만, 초기의 컴퓨터는 크기만 컸지 속도는 현재의 PC보다도 못한 전기 먹는 하마 수준으로 형편없었다. 하지만 컴퓨터의 기본적인 체계가 정립되고 나자 처리속도는 컴퓨터의 존재 의미 그 자체였다. 그러므로 많은 기업과 연구소의 과학자와 기술자들이 컴퓨터의 처리속도를 혁신하는 데 몰두했다.

현대적 의미의 컴퓨터는 영국의 앨런 튜링Alan Turing, 1912~1954이 입력, 연산, 기억, 출력의 요소를 갖춘 튜링 머신Turing Machine을 연구해 논문을 발표함으로써 시작되었다. 초기 컴퓨터 중의 하나로 알려진 애니악ENIAC, Electronic Numerical Integrator and Computer은 무게가 30톤이었다고 한다. 애니악은 수천 개의 진공관으로 만들어져서 유지보수가 어려울 뿐만 아니라 프로그램을 할 수도 없었다. 그러나 손으로 계산하는 것보다는 월등히 빨라서, 포병 부대에서 포탄의 탄도 계산을 하는데 유용하게 쓰였다.

1945년 미국의 폰 노이만John von Neumann, 1903~1957은 컴퓨터의 기억장치에 소프트웨어인 프로그램을 저장해 소프트웨어만 바꾸면 여러 가지 작업을 할 수 있는 방식의 컴퓨터를 제안했다. 폰 노이만의 제안을 바탕으로 개발한 컴퓨터가 에드삭EDSAC:, Electronic Delay Storage Automatic Calculator과 에드박EDVAC, Electronic Discrete Variable Automatic Computer이다. 폰 노이만이 발표한 컴퓨터 구조는 오늘날 모든 컴퓨터의 기본 구조와 동일하다.

한편 가장 빠른 컴퓨터를 일컬어 슈퍼컴이라고 한다. HPCHigh-Performance Computing라고도 하는데 명칭만 틀릴 뿐 차이는 없다. 잘 알려진 구글의 알파고, IBM의 왓슨 같은 인공지능 컴퓨터도 이 범주에 들어간다. 슈퍼컴은 대규모 연산 처리를 초고속으로 수행하기 위해서 만들어진 컴퓨터이기 때문에, 물리학, 원자력 연구, 천체 우주과학, 기상예보, 지진 관측, 로켓 연구 등 과학적 이용이 주된 목적이었다. 수퍼컴은 주로 대학의 연구소, 정부 연구기관, 기상청과 같이 대량의 데이터를 빠른 속도로 계산하는 것을 필요로 하는 정부 및 공공기관이 사용하고 있다.

슈퍼컴 산업에서 전통적인 강자는 미국과 일본이었지만, 현재는 중국이 처리속도 1위의 슈퍼컴을 개발해 보유하고 있다고 한다. ISCInternational Supercomputing Conference에서 전 세계의 컴퓨터를 빠르기 순으로 500대를 선정해 그 순위를 매기는데, 미국이 가장 많은 수의 슈퍼컴을 갖고 있다. 슈퍼컴 제조회사 중에 가장 유명한 회사는 미국의 크레이리서치사Cray Research Corporation이다. 물론 IBM과 같은 사무용 컴퓨터 제조회사도 좋은 슈퍼컴을 만들었지만 아직까지 크레이리서치사의 명성을 쫓아가지는 못했다.

1976년 미국의 시모어 크레이Seymour R. Cray가 슈퍼컴을 만들기 위해 크레이리서치사를 설립했는데, 자신의 이름을 따서 만든 크레이-1이 최초의 슈퍼컴퓨터로 인정받고 있다. 크레이-1의 속도는 현재의 펜티엄3급 PC의 속도였다. 당시에 컴퓨터 처리속도를 향상시키기 위해 다양한 연구를 했다. 전선의 길이도 데이터 전송속도에 많은 영향을 미쳤기 때문에 컴퓨터의 성능 향상을 위해서 전선의 길이를 짧게 만드는 아키텍처를 구상하다 보니, 최적의 전선 연결을 위해 원통형의 컴퓨터를 개발하게 되었다. 그래서 초기의 크레이 컴퓨터는 원통형 컴퓨터 주변에 의자를 만들어 사용했는데, 세상에서 가장 비싼 의자라는 별칭을 갖기도 했다.

크레이-1이 나오기 전에도 이미 슈퍼컴에 버금가는 성능 좋은 컴퓨터가 개발되었는데, 텍사스인스트루먼트사의 ASCAdvanced Scientific

Computer와 컨트롤데이터사Control Data Corporation의 Star-100과 같은 것들이다. 그런데 이 컴퓨터들은 높은 가격에도 불구하고 잦은 고장으로 신뢰성이 낮아 제대로 판매되지 않아 회사에 많은 손실을 발생시켰다. 크레이는 다른 회사에서 만든 슈퍼컴들의 실패를 거울삼아, 시장에서 받아들일 수 있는 합리적 가격과 신뢰성 있는 제품을 출시해 슈퍼컴 시장에서 독점적 사업자가 될 수 있었다.

크레이는 지속적인 연구 개발로 1983년에는 프로그램의 명령어를 여러 개의 프로세서에서 분산해 병렬 처리가 가능한 크레이 X-MP와 같은 개선된 CPU를 적용했는데, 펜티엄4급 PC 정도의 속도를 냈다고 한다. 이후 크레이리서치사는 냉전이 종식되자 가장 큰 구매처인 정부의 슈퍼컴 수요가 줄어들고, 컴퓨터 기술이 발전해 기술 우위를 점차 상실하고, 경쟁사가 등장하면서 슈퍼컴 시장에서 독점적 지위가 흔들려 적자 상태에 빠졌다. 결국 1996년에 그래픽 애니메이션 전용 컴퓨터를 만드는 실리콘그래픽사SGI에 매각되었고, 2000년에는 다시 테라컴퓨터로 매각되었다.

현재는 슈퍼컴을 만들 때 슈퍼컴 전용 CPU를 따로 만들지 않고 PC에서 쓰이는 범용 CPU를 수천 개에서 수만 개씩 연결하는 아키텍처를 만들어서 사용한다. 이렇게 함으로써 슈퍼컴의 제작비를 크게 낮추고 기술 발전에 따라 쉽게 업그레이드가 가능하게 되었다.

슈퍼컴의 속도를 표시하기 위해 초당 부동소수점 연산을 얼마나 하는지를 나타내는 플롭스FLOPS, Floating point Operations per Second라는 단위를 사용한다. 현재는 초당 1000조 번의 계산 속도인 페타플롭스 수준으로 계산 속도가 빨라졌는데, 세계에서 가장 빠른 슈퍼컴 중의 하나인 중국의 톈허2가 34페타플롭스의 속도를 갖고 있다.

  톈허2의 34페타플롭스는 미국에서 가장 빠른 슈퍼컴보다 2배 빠른 속도로 미국의 자존심을 크게 상하게 했다. 이에 미국 정부는 국가 전략 컴퓨팅계획을 통해 페타플롭스보다 1000배 빠른 엑사플롭스의 속도로 계산할 수 있는 슈퍼컴 개발에 착수했다. 그리고 중국의 추가적인 고성능 슈퍼컴 개발을 방해하기 위해 핵심 부품인 인텔의 고성능 CPU 제온의 중국 수출을 금지시켰다.

  각국의 슈퍼컴의 속도 경쟁에도 불구하고 슈퍼컴 업계는 고성능 컴퓨터의 수요가 부족해 매출과 수익 부족의 어려움을 겪고 있다. 하지만 최근 새로운 IT 추세로 인공지능의 각광, 빅데이터의 처리 등으로 신규 수요가 서서히 늘어나고 있는 상황이다.

슈퍼컴과 힉스 입자의 발견

슈퍼컴이 실제로 어떻게 사용되는지를 힉스 입자의 존재 규명 사례를 보면 쉽게 이해할 수 있다. 2013년 노벨물리학상은 '신의 입자'라고 불리는 힉스 입자가 우주 공간에 존재할 것이라는 가설을 제시한 영국 물리학자인 피터 웨어 힉스Peter Ware Higgs에게 돌아갔다. 힉스 입자가 실제로 존재한다는 것이 밝혀졌기 때문이다.

1964년에 피터 힉스는 진공 상태인 우주도 무엇인가로 채워져 있다는 가설을 처음으로 제시했다. 힉스 입자는 현재 우주에 존재하는 모든 물질에 질량을 부여한 태초의 입자라는 점에서 우주 탄생의 비밀을 규명하는 핵심 물질로 생각되었기에, 물리학자들은 힉스 입자의 존재를 밝혀내기 위해 부단한 노력을 했다.

그러다가 2012년 유럽합동입자물리연구소CERN가 힉스 입자를 발견했다고 발표해 전 세계 물리학계를 깜짝 놀라게 했다. 피터 힉스의 가설이 제시된 이후 50년간 이론으로만 알고 있던 힉스 입자의 존재가 최초로 실험으로 증명되었다.

물리학자들이 인공 상태에서 힉스 입자를 만들기 위해서는 입자가속기, 입자검출기, 분석 프로그램 등 몇 가지 기술이 필요했는데 그 중에 핵심이 슈퍼컴의 빠른 계산 능력이었다. 입자가속기 내에서 입자들이 빠른 속도로 충돌할 때 입자들 간에 서로 어떤 영향을 미쳤는지를 확인하려면, 검출기로 충돌 순간의 움직임에 대한 사진을 찍어서 검출된 사진을 분석하는데 이때 슈퍼컴이 사용되었다. 이 실험에서 발생한 데이터의 양은 약 25페타바이트였는데, 2기가바이트 HD급 동영상으로 환산하면 12,500편의 영화에 해당하는 엄청난 양의 데이터라고 한다. 이런 빅데이터를 분석하는데 슈퍼컴의 빠른 계산 능력이 없었다면 검출 결과를 분석하는 것이 불가능했거나 아주 많은 시간이 소요됐을 것이다. 전문가의 의견에 따르면 일반 범용의 대형 컴퓨터로 분석 작업을 할 경우에는 수백 년이 걸렸을 것이라고 한다.

한편 물리학계에서는 이론을 증명하는 실험뿐만 아니라, 특수한 환경의 모의실험에도 슈퍼컴을 사용한다. 실험이 불가능한 우주 환경, 핵폭발 환경, 기상 환경이나 양자역학 같은 극소 환경은 인간이 직접 접근하기 힘든 환경이어서 사이버공간에서 특화된 시뮬레이션을 수행해야만 모의실험을 할 수 있는데 이때 슈퍼컴이 사용된다.

또한 슈퍼컴의 계산 능력은 산업계에도 영향을 미쳐 시제품의 빠른 개발에 일조함으로써, 개발 비용 절감뿐만 아니라 적시에 제품 생산을 가능하게 한다.

>>
스마트폰
O2O 서비스 속도를 혁신하다

스마트 기기는 고속화와 소형화의 산물이다. 스마트 기기로 인해 사람들은 서로 밀접하게 연결되어 새로운 삶의 패턴이 생겨나고 집단 지성도 발달하게 되면서 다양한 시도가 일어나고 있다. 물론 개인의 편리성 강화뿐만 아니라 사회적 속도 증대의 방안으로도 잘 활용되고 있다.

스마트폰은 개인화, 휴대성 및 이동성을 갖고 있는 것이 장점이다. 예를 들면 모바일 메신저는 음성뿐만 아니라 글자, 사진, 영상까지 메신저로 의사소통하게 하므로, 주변 사람에게 들키지 않고 소통하는 개인 보안성도 있다. 또 모바일 SNS는 실시간으로 여러 사람에게 자기의 의견을 알리거나 사진을 찍어서 전송하고, 실시간으로 남의 의견을 받아 볼 수 있는 정보 공유 및 개방성이 있다.

스마트 기기에 의한 새로운 속도혁명에 대한 사례를 살펴보면 최근 많이 언급되는 것이 O2O Offline to Online 비즈니스의 확산이다. 오프라인 영역의 비즈니스에서 불편했던 것들을 스마트폰과 융합하고 결합함으로써 사용자의 불편을 해결해, 더 편리하고 업무 처리속도가 빨라지는 새로운 비즈니스 모델이 O2O 서비스다.

대표적인 O2O 서비스가 '배달의민족', '배달통'과 같은 배달 앱이다. 배달 앱은 기술적으로 대단한 것도 아니고, 아주 참신한 새로운 아이디어로 비즈니스 모델을 만든 것도 아니다. 다만 소비자 입장에서 보면 기존에 많이 있던 비즈니스 모델인 전화 주문을 스마트폰으로 옮겨 놓은 정도로 이해할 수 있다.

배달 앱 비즈니스 모델은 전체 프로세스 체인 상에서 주문과 결제에 대한 프로세스를 혁신해 플랫폼을 구축했다. 그리고 이 플랫폼을 통해 생산자와 소비자를 통합시킴으로써 새로운 생태계를 만들어 후발 주자에 대한 진입 장벽을 확실하게 구축하는 것이다.

정보처리의 기본 프로세스는 정보를 수집, 저장, 분석, 소비하는 단계로 이루어진다. 과거에는 정보 수집이 힘들어 정보를 갖고 있는 사람이 사회의 강자였다. 그러나 지금은 IT와 통신의 발달로 수많은 정보가 쏟아져 나오기 때문에, 정보를 체계적으로 분석해 제공해 주는 사람이 강자이다. 이런 유형의 사업을 정보 유통 플랫폼 비즈니스라고 한다.

정보 유통 플랫폼 비즈니스를 잘 활용하는 기업의 비즈니스 모델은 양면 시장을 공략하는 것이다. 예를 들어 직업을 구하기 위한 '잡코리아', '사람인', 아르바이트 일을 구하는 '알바몬', '알바천국'과 같은 앱을 운영하는 기업들이다. 이들 기업의 특징은 자신들만의 특정 정보를 유통하는 플랫폼을 갖고 있으면서 구매와 판매를 빠르게 연결해 주는 것을 목표로 한다.

또 다른 비즈니스 모델로는 많은 정보를 분석해 빠르게 적시에 제공해 주는 사업이다. 데이터 마이닝 기술과 고객 정보를 결합해 유용한 정보를 생산해 제공한다. 예를 들어 1인 가구의 전월세 부동산 정보를 제공하는 '직방'과 같은 비즈니스 모델이다. 소비자가 원하는 컨텐츠를 자동으로 정리해 짧은 시간에 원하는 것들을 얻을 수 있도록 제공하는 큐레이션 서비스 기술도 사용된다. 피키캐스트 같은 멀티미디어 컨텐츠를 제공하는 벤처기업이 큐레이션 기반의 컨텐츠를 제공해, 특정 소비자가 원하는 핵심적인 정보를 바로 소비할 수 있도록 도와준다.

또 다른 사례로 이미 실생활에서 폭넓게 사용되고 있는 소셜 커머스Social Commerce가 있다. 대표적인 소셜커머스 회사인 쿠팡은 기존의 오프라인 유통회사를 위협할 수준으로 성장해 오프라인 대형 유통회사인 이마트와 경쟁하고 있다. 제품 가격으로 경쟁하면서도 이들 기업들보다 빠른 배송 속도를 강점으로 시장을 잠식하고 있다. 쿠팡의 핵심은 소셜커머스를 이루는 IT 시스템과 물류 배송 체계다. 때문에 IT 투자의 귀재인 소프트뱅크의 손정의 회장은 쿠팡이 미래의 유통을 선도할 것으로 예견하고 10억 달러를 투자하는 등 해외 여러 투자자들이 많은 투자를 했다.

손정의 회장이 주목한 것은 쿠팡의 독특한 사업전략이다.

첫 번째는 빠르고 친절한 직접 배송 전략이다. 경쟁 관계에 있는 상위 3개 소셜커머스 업체 사이의 상품과 가격은 비슷했다. 이에 쿠팡은 다른 경쟁업체와 차별화가 필요했고, 빠르고 친절한 배송으로 고객에게 보답하겠다는 전략을 무기로 혁신을 거듭했다. 쿠팡의 직접 배송은 다른 업체들이 따라 하기 어려웠다. 막대한 비용을 들여서 물류센터를 구축하는 것도 필요하지만 물류센터를 원활하게 움직이는 IT 시스템을 구축하기 위해서는 더 많은 시간과 노력이 필요하기 때문이다.

두 번째는 다른 소셜커머스 회사가 환불제에 인색할 때, 쿠팡은 과감하게 환불제를 도입해 고객의 불만을 잠재우는 등 고객 중심의 사업전략을 실행했다.

세 번째는 IT 기업을 표방한 것이다. 할인 티켓이나 상품을 중계하는 기업이 아니라 IT 중심의 혁신 기업이기 때문에 개발자 우선주의를 표방했고, 미국과 중국에 R&D 센터를 설립해 지속적인 IT 투자를 진행했다.

O2O 서비스와 배달 앱

배달 앱 '배달의민족'은 전단지 광고를 보고 식당에 전화해 주문하던 비즈니스를 스마트폰 앱으로 옮겨 놓은 비즈니스 모델이다.

그러나 기존 전단지 주문 비즈니스 모델과 다른 점은, 주문처리 앱인 배달의민족을 통해 주문을 하면 주문과 동시에 결제가 완료된다. 식당 주인의 입장에서 보면, 고객이 주문하고 배달을 완료해야 결제를 하던 기존의 비즈니스 모델과는 완전히 차별화가 되고 또한 대표 콜센터의 번호로 주문만 대행하는 회사의 비즈니스 모델과도 서비스가 차별화된다. 소비자 입장에서 보면, 전단지 등을 통해 원하는 음식을 주문하기보다는 휴대폰 안에 카테고리 별로 모아져 있는 메뉴를 보고 찾는 것이 한결 쉬워 보인다. 또한 인터넷으로 검색을 해야 하는 불편함도 완벽하게 해소할 수 있다.

요즘 소비자는 배달 음식이라도 맛에 대한 기대가 높아 여러 사람으로부터 확인된 것을 선호한다. 배달 앱은 주문 전에 음식에 대한 정보를 여러 소비자의 후기로 확인이 가능한 장점이 있다. 식당 입장에서도 객관적으로 증명된 소비자의 후기가 중요한 매출 증대의 요인이 될 수 있다.

배달 앱을 이용한 주문이 기존의 전화 주문보다 식당 주인인 생산자와 주문자인 소비자에게 모든 면에서 확실히 정확하고 빠르다는 것이 성공 요인이다.

〉〉
사물인터넷
IT와 사물의 융합으로 스마트 사회를 열다

　인공지능, IoTInternet of Things, 사물인터넷와 같은 디지털 기술의 스마트화는, 산업 부문에서 낭비를 없애고 기업의 효율적 운영을 가능하게 해 주는 한편 인간의 정신적 영역도 어느 정도 대체하고, 그 결과 고용과 노동환경의 변화도 가져올 것으로 예상된다. 스마트 자동차 기술을 예로 들어 보자.
　스마트 카는 IoT 기술을 적용해 자동차를 제어함으로써 운전자에게 편의를 제공해 준다. 자동차에 컴퓨터를 탑재해 엔진 상태, 연료 상태, 도로 정보, 위치 정보 등의 각종 정보를 컨트롤하면서 운전자에게 필요한 정보를 제공하는 것이다. 반면에 커넥티드 카Connected Car는 정보통신 기술과 자동차가 융합되어, 운전자와 자동차회사, 통신회사 그리고 스마트 기기가 네트워크로 연결되어 소통하면서 최적의 운전 환경을 제공하는 자동차이다. 자동차와 도로, 주변 건물이나 집, 사무실, 도시까지도 하나로 연결되어 자동차를 통해 생활과 업무가 이루어지는 'Car to life'의 개념이다. 미래의 자동차를 설명할 때 스마트 카, 자율주행차, 커넥티드 카 등의 개념을 혼재해 사용하고 있으나, 개념을 확장해 보면 스마트 카나 커넥티드 카는 기본적으로 동일하다고 볼 수 있다.

스마트 자동차로 자율주행, 사고 방지, 방어 운전 등과 같은 획기적인 운전 편의 기능들이 가능해지고 있다. 현재도 고급 자동차의 경우에는, 앞차가 속도를 줄여 충돌이 예상되면 자동차가 사전에 감지해 경보를 보내던가 아니면 스스로 브레이크를 작동하도록 한다. 또 차선 변경 시 사각지대에 자동차가 있을 경우 사전 경보로 운전자에게 차선 변경을 멈추도록 하는 등의 자동차 사고 예방 기능을 탑재하고 있다. 편리성 측면에서는 좁은 공간에서 스스로 주차를 해 준다든지, 앞차와의 안전거리를 확보하면서 속도를 조절하는 등의 기능도 있다.

최근 중국 기업 알리바바에서 공개한 커넥티드 카는 앱으로 시동을 걸고, 음성으로 목적지를 요청하면 네비게이션에서 알려 주거나 목적지의 주차장을 자동으로 예약하는 등의 기능을 선보여 세계를 놀라게 했다. 커넥티드 카에는 일반적인 자동차 관리가 아니라 인공지능을 탑재한 자동차 비서의 역할을 하는 기능이 있었던 것이다. 음성을 인식해, 예를 들면 운전자가 '더운데'라고 하면 자동차가 '창문을 열까요?'라든지 '시원한 커피를 주문할까요?' 등의 소통을 하면서, 운전자에게 여러 가지 조언을 해 주는 비서 서비스를 제공했던 것이다.

IoT 기술이 적극적으로 활용되는 분야로는 스마트 시티도 있다.

도시의 에너지, 환경, 도시 교통, 통신, 비즈니스 등의 분야가 유기적으로 IT와 결합되어 적용되고 있다. 인천 송도는 유비쿼터스 시티 Ubiquitous City를 표방한 IoT 기반의 스마트 시티를 건설하고 있다. 스마트 시티에는 도시를 관장하는 도시 운영 통제센터가 있다. 도시 곳곳에 설치된 많은 IoT 센싱 기기로부터 생성되는 정보는 이 센터로 집중되고, 여기에서 정보를 분석해 시민들에게 필요한 정보를 제공하는 것이다.

예를 들어 러시아워에 특정 도로의 교통량이 폭증해 자동차로 막혀 있으면 시민들에게 우회도로를 알려 준다. 도시 곳곳에는 이미지 센서, 환경관리 센서, 시설물 센서 등의 IoT 센서가 설치되어, 사람들이 직접 현장에 가지 않고도 도시의 상태를 확인할 수 있다. 도시에 필요한 물, 전기, 열 등을 체계적으로 관리해 온도와 조명을 최상의 상태로 만들어 준다.

스마트 시티는 도시인들에게 최적의 삶을 제공하지만 보이지 않는 위협도 존재한다. 첫째, 보안에 대한 위협이다. 도시의 모든 기능이 IT에 연결되어 있으므로 보안이 뚫리면 걷잡을 수 없는 혼란으로 비상사태가 발생할 수 있다. 두 번째는 정보 격차 문제이다. 스마트 시티는 정보를 제공하고 정보를 활용하면서 삶의 질이 윤택해지는데, 정보를 제대로 받을 수 없거나 사용할 줄 모른다면 스마트 시티 내에서 소외되는 삶을 살게 될 것이기 때문이다.

>>
인공지능
경험을 전수받고 스스로 학습하다

　　인공지능은 머신 러닝Machine Learning 알고리즘으로 학습이 가능한 컴퓨터이다. 즉 데이터를 받아들여 새로운 규칙을 스스로 생성할 수 있는 컴퓨터를 의미한다. 컴퓨터는 사람이 학습하는 속도와는 비교할 수 없을 정도로 빠르게 학습할 수 있다. 이러한 장점으로 인해 많은 정보가 쌓여 있는 분야에서는 빅데이터에 기반한 인공지능을 쉽게 적용하고 있는 것이다.

　　인공지능에서 탁월한 성과를 나타내는 분야가 의료 분야이다. 의사들이 갖고 있는 임상 데이터와 치료 경험 정보를 체계적으로 인공지능에 입력해 분석함으로써, 환자별로 최적의 치료 정보를 제공할 수 있고 의사의 오진을 방지할 수 있다. 의사는 의과대학에서부터 전문의가 되기까지 10년 이상 전문적인 의학 공부를 해야 하고, 많은 경험이 쌓여야만 비로소 환자에게 적합한 치료를 할 수 있다. 그런데 인공지능을 통하면 다른 의사의 경험을 전수받아 단기간에 최적의 치료를 할 수 있는 것이다.

IBM의 인공지능인 왓슨은 뉴욕의 메모리얼 슬론 케터링 암센터에서 폐암 환자를 진단하는 데 사용되고 있다. 왓슨에는 이미 수십만 건의 의학 사례가 저장되어 있어 제대로 가동된다면 치료의 정확도가 상당히 높을 것으로 예상된다. 이미 의사들의 진료 결과보다 높은 정확성을 보인다고 한다.

외과 분야에서는 로봇이 의사를 대신해 수술하는 사례가 실험되고 있다. 현재는 영화에서처럼 의사를 완전히 대체하는 수준은 아니고, 의사의 감독 하에 의사의 수술을 보조하면서 정교하게 수술하는 목적으로 사용되고 있다. 그러나 가까운 미래에는 환자의 의료 정보를 토대로 인공지능의 지시에 따라 수술 로봇이 수술하는 것이 가능할 것이다. 그리고 로봇 수술이 일상화, 상용화될 경우 수술 속도는 현재와는 판이하게 빨라지고 편리해질 것이다.

인공지능이 활발하게 적용되고 있는 분야는 자동차 자율주행이다. 인터넷 회사인 구글은 인공지능 기반의 무인 자동차 개발에 발 빠르게 움직이고 있다. 구글은 이미 카메라, 레이더, 지도 등의 정보를 결합해, 교통신호, 차선, 자동차의 움직임, 보행자, 장애물 등을 감지하여 스스로 운전하면서 대응하는 인공지능 기반의 무인 자동차를 개발해 시험 운행을 하고 있다.

그러나 안전성 테스트에서 수백만 Km를 안전하게 운행했음에도 불구하고, 최근 뉴스에서 구글의 자율주행 자동차가 자율주행 도중에 버스와 충돌하는 사고가 있었다고 한다. 사고 당시 구글의 자율주행 소프트웨어는 버스가 당연히 멈출 것으로 판단하고 주행을 계속했기 때문에 사고가 났다고 발표했다. 그동안의 무사고 기록이 깨지는 순간이었다. 이로 인해 자율주행은 현재의 기술로는 무리가 아니냐는 회의적인 목소리도 일부에서 나오고 있다. 전기자동차로 유명한 테슬라의 자율주행 자동차가 자율주행 중에, 앞에 있는 흰색 트럭을 하늘과 구별하지 못해 충돌해서 운전자가 사망했다는 기사도 나왔다. 자율주행으로 거의 3억km를 주행하다 나온 사고였다.

이 두 건의 사고를 자세히 보면 센서의 기능 부족보다는 소프트웨어의 논리적 모순에 따라 발생한 것이다. 그러므로 여러 현실의 돌발적 상황에서 발생할 수 있는 사고에 대응하는 다양한 논리의 개발 즉 소프트웨어의 개발이 중요한 것이다.

>>
빅데이터
사회적 자원의 운영을 효율화하다

현대 사회에서는 거의 무한에 가깝게 생성되는 데이터 안에서 의미 있는 정보를 분석해 새로운 가치를 찾아내서 활용하려고 한다. IoT와 관련된 기술의 발전으로 과거와는 상상할 수 없을 정도의 데이터가 생성되고 있다. 이미 페이스북, 트위터 등 헤아릴 수 없이 많은 데이터 소스로부터 실시간으로 생성되는 동영상, 사진, 텍스트 등의 비정형 데이터의 양도 엄청나다. 이렇게 상상할 수 없을 정도로 거의 무한대로 생성된 데이터를 체계적으로 저장, 관리, 분석하는 기술이 빅데이터 분석이다. 과거의 제한된 기술로는 빅데이터를 분석할 수 없었다. 수집하는 체계도 힘들었지만, 데이터를 저장하는 것도 비싼 작업이었고, 무엇보다도 처리속도가 따라 주지 않았다.

이제는 빅데이터 분석 기술의 발전으로 심야버스 운행, 로보어드바이저 등 새로운 서비스가 출현하고 사회 전체적으로 효율적인 자원의 운영이 가능해졌다. 한편 나도 모르는 나의 취향을 컴퓨터가 알아내서 누군가 활용해 개인에게 편리성을 제공하기도 하지만, 한편으로는 빅브라더에 대한 우려를 자아내기도 한다.

빅데이터에 기반한 인공지능이 의료계에 잘 적용되고 있는 이유는 의학 정보가 체계적으로 축적되어 있기 때문이다. 또한 알파고 신드롬에서 확인했던 바둑도, 바둑 기사들의 기보가 데이터로 잘 축적되어 있기 때문에 우선적으로 적용되고 있는 것이다. 빅데이터 기반의 인공지능은, 현재 많은 정보가 쌓여 있는 법률, 검색, SNS, 증권과 같은 분야뿐만 아니라 로봇, 자율 자동차, 드론, 가상현실 분야 등 인간에게 도움이 필요한 대부분의 분야에서 활발하게 사용될 것이다.

증권에서도 인공지능을 이용해 고객에게 가장 좋은 투자 방법을 알려 주는 로보어드바이저가 서비스되고 있다. 이미 증권 및 투자회사에서는 시스템 트레이딩이라고 부르는 인공지능 알고리즘을 적용한 프로그램을 이용해 거래를 처리한지 오래되었다. 이런 시스템 트레이더의 강점은 속도에 있다. 인간이 매매 처리를 하기 위해 키보드를 쳐서 입력하는 시간 내에 시스템 트레이더는 수백 번의 매매 주문을 넣을 수 있기 때문이다. 일반인을 대상으로 한 로보어드바이저는 투자 전문가보다 더 높은 성과를 얻고 있는 것으로 보고되어 조만간에 많은 투자자를 대체할 수도 있는 상황이 되었다.

서울시의 올빼미버스 서비스도 빅데이터의 기술로 탄생했다. 심야 시간대에 서울 근교의 집에 택시를 타고 가려면 할증료를 포함 택시비가 만만치 않다. 게다가 택시 수요가 몰리는 시간대에는 택시 잡기가 하늘의 별따기다. 그래서 동일 지역에서 비슷한 목적지에 가려는 사람을 큰 버스에 모아서 보내 주면 어떨까? 라는 생각에서 심야버스라는 아이디어가 나왔다.

심야버스를 위해 수십억 건의 통화 위치 기록, 택시의 승하차 기록 등을 토대로 사람들이 시간대 별로 어떻게 이동하는지를 분석했다. 분석 결과를 가지고 수요가 많은 8개의 노선에 심야버스가 투입되어 운행되고 있는데, 사람들의 평판은 좋은 것 같다.

빅데이터 분석이 없었으면 서울시 심야버스인 올빼미버스는 운행되지 못했을까? 수십억 건의 빅데이터 분석의 도움 없이도 필요하다면 사람의 직관과 경험에 의해서 사용할 수 있는 수준의 데이터를 가지고 노선을 정할 수도 있다. 하지만 빅데이터 분석의 과학적 정확성에는 미치지 못할 것이고, 이에 따라 노선이 맞는지부터 논란이 일어나고 추진의 타당성에 대한 갑론을박이 장기간 계속되었을 수도 있다. 또 서비스를 기획해 런칭하기 위한 준비 기간은 빅데이터 분석 사용 전보다 확연히 늘어났을 수도 있었을 것이다.

또 다른 사례로 인터넷전문은행을 주목할 필요가 있다. 이미 일반 은행도 지점에 가지 않아도 네트워크가 연결된 곳이면 집에서, 거리에서, 해외에서도 은행 업무가 가능하다. 반면에 지점이 하나도 없고 사이버공간에만 존재하는 인터넷전문은행이 설립되고 있는데 핵심 경쟁력은 인공지능, 빅데이터의 분석 기술에 있다. 이미 미국, 일본, 유럽에서는 인터넷전문은행이 설립되어 성공적으로 운영되고 있다.

인터넷전문은행은 지점을 설치할 필요가 없기 때문에 상대적으로 적은 비용으로 은행을 운영할 수 있어서 대출 금리가 기존 은행에 비해 싸게 책정될 것으로 예상된다. 무엇보다도 기존 은행에서는 하기 힘들었던 새로운 핀테크 비즈니스 모델을 적용해 고객에게 제공할 수 있을 것으로 보고 있다.

국내에서는 인터넷전문은행으로 한국카카오뱅크와 케이뱅크가 설립인가를 받아서 당초 2016년 하반기를 목표로 개점 준비를 하고 있었다. 그런데 금산 분리와 관련된 법령 개정의 지연과 자체적인 수익 모델 개발의 어려움 등으로 본인가가 늦어졌다. 케이뱅크는 2017년 4월에 문을 열었고, 한국카카오뱅크도 2017년 상반기 중에 개소할 예정이다.

그런데 기존의 은행들도 인터넷과 스마트폰 뱅킹 기능을 제공하고 있어서 실제로는 통상적인 은행 거래에서 불편한 점이 별로 없기 때문에, 인터넷전문은행들은 새로운 서비스로 승부를 걸지 않으면 설립과 동시에 도태되고 말 것이다.

한국카카오뱅크의 핀텍크 내용은 다 알려지지 않았지만, 보도에 따르면 인터넷에 존재하는 다양한 정보를 빅데이터 기술로 분석해 혁신적이고 새로운 신용평가 시스템을 구축할 것이라고 밝혔다. 또한 간편 결제와 간편한 국내외 송금으로 편리한 거래를 제공하고, 인공지능인 금융로봇을 이용한 24시간 금융 비서 기능, 통합 자산관리 서비스, 그리고 고객에게 최적의 예금과 적금에 대한 가이드도 제공할 예정이라고 한다.

그러나, 인터넷전문은행은 비대면으로 인한 보안 사고 위험과 해킹, 고객정보 유출, 사기 거래 등이 기존 은행에 비해 상대적으로 커짐에 따라, 관련 IT 시스템의 보안 대책을 확실히 강구해야 한다. 그러므로 사기 거래 방지를 위한 고도의 사기 거래 탐지 FDS(Fraud Detection System)와 보안 시스템 등 기존 은행이 가지지 못한 대규모 빅데이터 기반의 내부 IT 시스템 구축이 필요하다.

>>
클라우드 컴퓨팅
새로운 공공재가 되다

클라우드 서비스가 빠르게 IT 시장에서 핵심 서비스로 자리를 잡아가고 있는데 당연한 현상으로 여겨진다. 왜냐하면 IT 서비스가 필요한 곳이 대기업, 중견기업 중심에서 소기업, 개인기업과 개인으로 확산되고 있기 때문이다.

클라우드 서비스는 개인이나 회사의 부족한 컴퓨팅 능력인 컴퓨터 처리나 저장 장소 등을 다른 곳으로부터 빌려오는 것을 뜻한다. 몇 번의 클릭만으로 빠르게 IT 자원을 빌릴 수 있다는 점이 가장 큰 강점이다. 빌린 시간 동안 즉 사용한 시간이나 사용한 용량만큼만 돈이 청구되는 종량제를 채택하고 있기 때문에 비용은 상당히 싼 편이다.

IT 자원을 빌려주는 개념은 미국의 EDS(Electronic Data System)라는 회사가 처음으로 시작했다. 설립자 로스 페로는 EDS 설립 전에 IBM의 유명한 영업 사원이었다고 한다. 자신이 판매한 IBM 대형 컴퓨터를 용량이 너무 크고 비용도 너무 많이 들어서 사용할 수 없다며 고객이 반품하려고 하자, 로스 페로는 그 컴퓨터 여유분의 용량을 다른 고객에게 임대해 사용할 수 있도록 함으로써 반품을 막을 수 있었다.

로스 페로는 여기서 얻은 교훈을 바탕으로 IBM에게 컴퓨터를 팔지만 말고 임대해 주는 신사업을 하자고 제안했지만, IBM은 그의 제안을 거절했다. 이에 그는 회사를 설립해, 자신이 직접 컴퓨터를 사서 고객에게 임대해 주는 사업을 기반으로 전반적인 IT 서비스를 시작해 크게 성공했다.

클라우드 서비스는 개인용 서비스와 기업용 서비스로 나눌 수 있는데, 개인용은 주로 저장 공간으로 활용되고 있다. 기업용은 하드웨어 인프라만 빌려주는 서비스, 하드웨어와 소프트웨어 인프라를 함께 빌려주는 서비스 그리고 응용시스템을 포함해 IT 자원 전체를 빌려주는 서비스로 구분할 수 있다.

클라우드 서비스는 저렴한 가격과 빠른 기술 발전으로 시장이 상당히 커지고 있지만, 점점 레드오션화되고 있는 것처럼 느껴진다. 그럼에도 불구하고 많은 기업들이 이 시장에 사활을 건 대규모 투자를 하는 것은, 클라우드 서비스가 제2차 산업혁명 당시의 전기와 비슷한 사회 기반시설로 인식되고 있기 때문이다. 처음에는 전등 하나를 켜는 데 필요한 전기만 있으면 되었지만, 기술 발전에 따라 라디오, TV, 냉장고, 에어컨 등 다양한 전자기기에 사용할 전기가 필요해졌다. 마찬가지로 사람들은 개인용 PC 만을 가지고 일생을 사는 것이 아니라 다양한 종류의 IT 자원을 활용하며 살게 될 것이고, 이에 따라 클라우드 서비스의 영역도 지속적으로 확대될 것으로 예상되기 때문이다.

　이미 스마트폰 카메라의 성능 향상으로 엄청난 양의 동영상과 사진이 자신의 IT 기기와 클라우드 스토리지에 담겨지고 있다. 앞으로 개인마다 자신이 생성한 많은 멀티미디어 정보를 자신의 개인 PC에다 저장하는 것은 한계에 도달할 것이다. 또 앞으로 어떤 유형의 멀티미디어 정보가 더 생성될지 확신할 수 없지만, 그 양은 기하급수적으로 엄청나게 늘어날 것이다. 자신에게 필요한 전기를 스스로 생산하기 위해 자신만의 발전소를 만들지 않고 전기회사에서 사용한 것만큼 비용을 내는 것이 훨씬 편리하듯이, 앞으로는 클라우드 서비스를 통해 IT 자원을 사용한 것만큼 비용을 내는 사회 구조로 바뀌고 있는 것이다. 그러므로 사회가 더 발전할수록 클라우드 서비스가 공공재의 성격으로 변모할 것이다.

　클라우드 서비스는 많은 장점에도 불구하고 부정적인 측면도 있다. 첫째, 가장 큰 단점은 종속성에 대한 것이다. 한번 서비스를 받기 시작하면 다른 곳으로 이동하기가 쉽지 않다. 클라우드 서비스는 일종의 월세 상점 같은 것인데 집주인이 월세를 갑자기 올리면 어쩔 수 없이 속수무책으로 당해야 한다. 집주인이 가게 빼라고 할 때 쉽게 빼기 어렵다. 종속성 측면에서 보면 이전 비용이 더 많이 들기 때문에 그냥 당할 수밖에 없는 사정이 생길 수 있다. 그렇기 때문에 한국의 기업들은 핵심 업무에 대해서는 클라우드 서비스로 쉽게 이전을 하지 못하는 정서와 경향이 있다.

　둘째는 보안성에 대한 것이다. 자신들만의 정보가 핵심 가치인 기업 입장에서는 클라우드 서비스를 받는 것은 쉽지 않은 일이다. 남들이 내 것을 들여다 볼 수 있다는 의구심을 떨쳐 버리기 쉽지 않기 때문이다. 만일 해커 한 명이 클라우드 서비스를 담당하는 최고 권한의 비밀번호를 해킹한다면, 그 서비스를 받고 있는 모든 기업은 상당한 위험에 노출된다. 또 클라우드 서비스 사용료보다 더 많은 비용이 들어갈 수도 있음에도 불구하고 보안 강화를 위한 다양한 보안 대책에 투자해야 하는 경우도 발생한다. 클라우드 서비스 사업자가 제공하는 보안 대책이 고객에게 완전한 것이 아닐 수 있기 때문이다.

셋째는 대재앙에 대한 것이다. 갑자기 지진이나 해일이 발생해 전기가 장시간 나간다든지, 수도가 끊기는 대재앙과 같은 경우이다. 클라우드 서비스가 심각하게 파괴되는 상황이 발생하면 클라우드 서비스를 사용한 기업들은 대책 없이 사업을 접어야 하는 경우도 발생할 수 있다. 그래서 각 기업들은 언제 발생할지 모르는 대재앙에 대한 대비책으로 여러 곳에 재난복구센터DR센터라고 불리는 백업센터를 구축해 재난에 대비하고 있다.

미국의 9.11 테러 발생 다시 세계무역센터에 입주해 있던 금융기업들의 피해가 컸지만, 재해에 대비한 백업센터가 위력을 발휘했다. 하지만 그것으로 완벽하게 대비가 되는 것은 아니다. 9.11 테러 당시에는 IT 센터가 직접 테러를 당한 것이 아니기 때문이다. 대부분의 공공재 성격의 서비스가 그렇듯이 특정 클라우드 서비스로 기업이 몰리면 몰릴수록, 클라우드 서비스를 제공하는 IDC에서 대재앙이 발생할 경우 그 피해는 상상을 초월할 수도 있다.

〉〉 전통산업과 IT의 융합
통찰력이 핵심이다

　이제 전통적 산업은 발전할 만큼 발전해 더 이상의 성장이 한계에 부딪혀 있다. 각 산업이 갖고 있는 사일로Silo 형태의 폐쇄성으로 인해 성장이 지체되고 있는데 이는 세계 공통 현상이다. 빠른 속도를 통한 시간 절감, 복잡성을 제거하는 단순함과 편리성, 여러 욕구를 만족하는 다양성을 추구하기 위해서는 이종異種의 하드웨어의 결합과 같은 단순 융합보다는 소프트웨어를 기반으로 생각하는 것이 중요하다.

　IT의 네트워크화, 지능화, 내재화의 특성을 활용해 전통적 산업과 IT를 융합해 새로운 시장을 만들어 내고 부가가치를 창출한다. 예를 들어 요즈음 인구에 회자되고 있는 인공지능과 각종 통신 기술과 소프트웨어가 접목된 미래의 스마트 카라든가, 센서 기술로 상시로 쾌적성을 보존하거나 인체의 생리적 신호를 모니터링해 질병을 진단하고 예방하는 다기능성의 디지털 지능형 섬유라든가, 선박 내 장치들

간의 전장 소프트웨어 및 통합 네트워크 구축에 의한 통합 제어를 구현하는 조선산업이라든가, 맞춤형 모바일 방식의 원격 건강관리 의료 기술 등이 여기에 해당될 것이다.,

효과적인 융합을 위해서는 컨버전스 대상에 대한 가치 측면의 통찰력Insight이 핵심이다. 통찰력을 바탕으로 현상을 극복하기 위한 유연한 사고가 뒷받침되어야 하며, 이러한 사고의 유연성은 소프트웨어를 통해 구현될 수 있다. 소프트웨어는 내가 생각하는 바를 컴퓨터에게 프로그램 언어로 코딩해 실현시킨 것이다. 따라서 컴퓨팅 사고 Computational Thinking를 이해하는 것이 매우 중요하며, 그런 의미에서 최근 코딩 교육이 화두로 등장하고 있다.

하드웨어보다 소프트웨어가 얼마나 중요한지는 스마트폰의 카메라를 보면 알 수 있다. 2014년에 발표한 애플의 아이폰6의 후면 카메라는 1300만 화소였고, 2015년에 삼성이 발표한 갤럭시6의 후면 카메라는 1600만 화소였다. 화소 수만 따지면 삼성의 갤럭시6이 23% 우수한 성능을 보였지만, 애플은 화소의 열세를 카메라 소프트웨어로 해결했다. 그렇기 때문에 아이폰의 카메라가 갤럭시6의 카메라에 비해 별로 성능이 뒤진다고 인식하지 않는 것이다.

다양한 컨버전스 사례가 있지만, 3D 프린팅은 최근 빠르게 발전하면서 주목 받고 있는 분야이다. 3D 프린팅은 소프트웨어 기술인 3D 도면을 기반으로, 필요한 제품이나 부품을 생산하는 하드웨어가 결합한 컨버전스 제조 기술이라고 할 수 있다. 3D 프린팅 기술은 소규모 제품 생산이 필요하거나, 시제품프로토타입 형식의 제품 생산이 필요한 경우, 경쟁력 있는 비용으로 빠르게 생산할 수 있는 이점을 제공한다. 제조에 사용되는 재질은 성형이 간편한 플라스틱에서 종이, 나무, 금속 등으로 확대되고 있다. 심지어 지금은 음식 재료도 3D 프린팅이 가능한 상황이다.

최근 사례를 보면 미국 나사NASA는 연료 분사 장치를 3D 프린터로 만들었다고 발표했으며, 향후에는 우주선에 3D 프린터와 소재를 싣고 가서 우주선에서 필요한 부품을 직접 생산할 예정이라고 한다. 전자 부품인 반도체를 제조하거나, 인공뼈, 인공혈관, 의족, 틀니 등의 인공장기를 만드는 데도 성공해 의료 분야에서도 상당한 역량을 축적했다. 항공기의 부품을 티타늄으로 프린팅하는 기술을 확보해 비행기 제작에도 활용할 예정이며, 바이오 분야에서도 3D 프린팅을 활용해 체세포를 만들어 낼 수 있다고 한다.

3D 프린팅을 세계 최초로 만든 사람은 1983년에 3D 시스템즈를 창업한 척 헐Chuck Hull이다. 척 헐은 3D 프린팅이 시제품을 빠르게 만드는 데 일조할 것으로 주목해 기술을 개발했다고 한다. CAD를 이용해 3D 모델링을 하고, 모델링 데이터를 여러 개의 층으로 나누어 각 층을 3D 프린터로 쌓아 올리는 방식으로 제품을 만드는 기술로 SLAStereo Lithography Apparatus 기술이라고 한다. 2014년으로 3D 시스템즈가 보유한 3D 프린터 특허가 만료되었고, 2016년까지 수십 건의 특허가 추가로 만료되어 누구나 3D 프린터를 만들 수 있도록 오픈 소스 프로젝트가 추진된다. 이로써 3D 프린팅은 최근 크게 각광을 받으며 획기적으로 발전하고 있다. 이제는 개인들도 3D 프린터

를 쉽게 만들 수 있게 되었다.

컨버전스의 또 다른 사례로 자주 언급되는 분야는 스마트 헬스케어로 원격진료 서비스가 가능하고, 스마트 기기를 통해 개인화된 의료 서비스를 제공할 수 있다. 원격진료는 환자의 의료 서비스 접근성을 획기적으로 개선해, 산간벽지나 낙도와 같은 의료 취약 지역에서 빠른 의료 서비스를 가능하게 한다. 뿐만 아니라 기업에서도 원격의료 서비스를 제공한다면, 종업원들은 회사 내에서 편리하게 의료 서비스를 받을 수 있으므로, 직장이나 가정에서 보다 건강한 생활을 할 수 있을 것으로 예상된다.

개인화 의료 서비스 측면에서는 첨단 의료단말기를 통해 몸의 상태, 체온, 혈압, 운동량, 수면, 몸무게 등 개인의 신체 정보를 기반으로 건강 상태를 수시로 모니터링하면서, 건강한 삶을 살 수 있도록 도와주는 기능을 제공할 것이다. 일종의 개인 주치의라고 할 수 있다.

컨버전스는 기존의 전통산업이 가진 한계성을 돌파하는 데 유효한 핵심 방법론으로 자리매김하고, 이의 실현을 위해서는 인간의 간섭과 통제를 최대한 줄이면서 스스로 작동할 수 있는 소프트웨어 플랫폼이 기반이 되어야 한다.

제5장

속도와 경영

속도는 기업의 효과적인 경쟁 원리다

경영 환경이 빠른 속도로 변하고, 기술 발전과 함께 소비자의 기호도 급변하면서 속도경영의 의미가 더욱 부각되고 있다. 속도경영은 단순히 의사 결정과 업무 실행을 신속히 처리하는 것을 의미하는 것이 아니다. 속도경영이란 경영 환경 변화에 대한 대응력을 높이고 경쟁사보다 먼저 제품과 서비스를 제공함으로써 경쟁 우위를 확보하려는 전략으로, 현대 사회에서 시간을 중요한 경쟁 변수로 인식하게 됨에 따라 조명을 받게 된 경쟁 원리라고 할 수 있다.

어떤 경우에 속도경영이 필요한가? 첫째, 전망이 좋은 미래 사업 발굴을 위해 경쟁사보다 빨리 기회를 찾아 선점하기 위한 것이다. 특히 락인 효과Lock in 고객을 묶어두는 효과, 네트워크 효과 등 선점의 효과가 큰 인터넷 비즈니스에 그러한 경우가 많이 있다.

둘째, 상품 개발, 생산, 운송 등의 프로세스 실행 시간을 단축해, 기존 사업부문에서 경쟁사보다 앞서 상품과 서비스를 제공함으로써, 고객이 차별화된 가치를 누릴 수 있게 하기 위함이다. ICT처럼 기술 혁신의 속도가 빠르고 제품의 수명 주기가 짧은 산업, 자동차 제조, 소매 유통과 같이 부품이나 완제품 재고 보유 비용이 큰 산업, 시간이 경과함에 따라 재고의 진부화 리스크가 큰 업종, 건설이나 조선처럼 공사, 제조 기간의 단축 자체가 원가경쟁력의 주요 요인인 산업, 택배 운송과 같이 사이클 타임의 축소가 필요한 서비스 업종 등이 여기에 해당된다. 이러한 업종에서는 신제품 개발주기를 단축하고, JIT Just In Time, 토요타의 간판 방식 등을 적용해 생산 속도와 운영 효율을 높이는 것이 경쟁력이 된다.

셋째, 기술혁신의 효과가 크고 투자 규모가 막대한 사업의 경우에는, 새로운 기술을 적용한 생산설비의 투자 타이밍 포착과 신속한 집행 능력이 필요하다. 또 투자를 한 후에는 빠른 속도로 고객 베이스를 확대해 생산설비 가동율을 높여야 경쟁 우위가 생긴다. 대규모 설비 투자가 필요한 반도체, LCD와 같은 산업들이 이러한 특성을 가지고 있다.

넷째, 설비 투자 비용이 높아 고정비 비중이 높은 경우, 같은 설비에서 단위시간 당 더 많은 양을 생산해 낼 수 있도록 생산성을 개선하면 원가경쟁력이 높아진다. 이를 위해서는 라인 밸런스의 개선, 장비 유휴시간의 단축, 사이클 타임의 축소 등 생산 속도를 높이기 위한 조치가 필요하다.

한때 휴대폰의 세계 최대 강자였던 노키아는 애플의 아이폰에 제대로 대응하지 못하고 몰락했다. 일본의 가전업체도 한국의 삼성과 LG에 밀려서 사업구조 조정을 통해 회생을 모색하고 있다. 반면에 삼성은 이미 높은 인지도를 가지고 있던 애니콜이라는 브랜드까지 버리고 과감하게 변화함으로써 세계 최고의 전자회사가 되었다. 이 장에서는 속도경영을 잘하고 못함에 따라서 명암이 엇갈린 몇몇 기업들의 사례를 구체적으로 살펴보려고 한다.

>>
노키아의 몰락
'이카루스 패러독스'에 빠지다

　노키아Nokia는 2007년 기준으로 전 세계 120여 개 국에서 11만 명 이상의 직원을 고용하고 9개 국에서 16개 공장을 가동했다. 2007년 4분기에는 성과가 극에 달해 시장점유율 40%로, 핸드폰 빅Big 5 중 나머지 4개 브랜드인 모토롤라, 삼성, 소니 에릭슨, LG를 합친 수치에 근접했다. 당시 휴대폰 시장은 중국, 인도, 브라질, 러시아 등 신흥 시장의 폭발적인 수요로 고가 폰과 저가 폰으로 양극화가 급격히 진행되고 있었다. 따라서 선진 시장의 교체 수요에 대응하기 위한 제품 개발력과 신흥 시장의 신규 수요를 잡기 위한 원가경쟁력의 확보가 핵심적인 과제였다.

　노키아는 플랫폼 전략을 사용했는데, 하드웨어에서는 MIPIMobile Industry Processor Interface : 모바일 기기를 구성하는 각 요소들간의 인터페이스를 기반으로 부품을 표준화, 공용화하고, 소프트웨어에서는 심비안Symbian을 중심으로 4개의 세부적인 플랫폼을 운영했다. 플랫폼 전략이란 제품을 개발할 때 뼈대가 되는 플랫폼을 먼저 개발해 놓고 세부적인 모델은 각 플랫폼에서 파생시키는 전략이다. 플랫폼 개발 자체에는 시간이 걸리고 실패 시 비용 부담도 크지만, 일단 성공하면 파생 개발이 매우 신속해지고, 부품의 표준화, 공용화에 따른 제조공정의 단순화 및 규모의 경제에 따른 구매 경쟁력 확보로 제조원가 경쟁력이 월등해지는 강점이 있다. 예를 들어 노키아의 플랫폼 당 생산 수량은 당시 점유율 2위인 모토롤라의 3배에 근접하는 수준이었다.

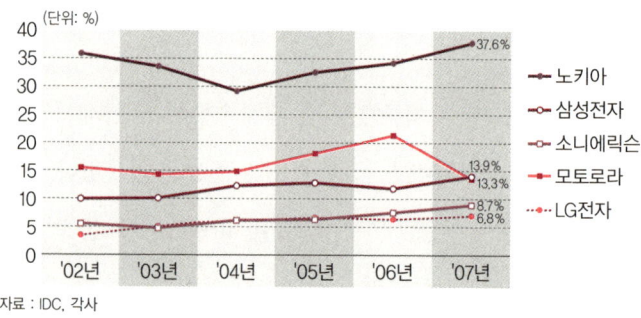

세계 휴대폰시장 점유율 추이

이렇게 난공불락의 철옹성을 자랑하던 노키아는 단순한 전화 기능만 사용하는 휴대폰 시대는 곧 끝날 것이라 예상하고 차세대 휴대 전화를 개발하는 데 주력했다. 2001년에서 2010년까지 10년 간 누적으로 애플의 약 4배 수준인 40조 원 가량의 R&D 예산을 투자한 것을 보면, 노키아가 얼마나 R&D를 중요하게 생각하는 기업인지 알 수 있다.

1996년에 이미 이메일e-Mail과 웹서핑Web Surfing이 가능한 스마트폰

Smart Phone인 Nokia 9000을 출시했고, 2000년대 초에는 무선 인터넷, 터치스크린 지도 검색, 모바일 결제, 게임 등 우리가 요즘 쓰고 있는 스마트폰의 주요 기능을 대부분 채택한 제품 개발을 완료한 상태였다. 그러나 당시 소비자들은 휴대폰을 사용해 전화를 주고받는 것에만 익숙했고, 스마트폰이 제공하는 기능은 잘 이해하지 못했다. 뿐만 아니라 무선 인터넷 등의 사용 환경도 충분히 구축되어 있지 않았기 때문에 노키아는 스마트폰의 기능을 가진 새로운 제품의 출시는 계획하지 않고 있었다.

2007년 애플이 아이폰을 시장에 출시하면서 휴대폰 시장의 지각 변동이 시작되었다. 그러나 그때까지도 노키아는 아이폰의 생산원가가 너무 높고, 터치스크린이 충격에 약해 시장에서 받아들여지지 않을 것이라고 오판했다. 그러다가 아이폰이 시장에서 돌풍을 일으키자, 2008년에 이르러서야 부랴부랴 아이폰과 경쟁할 수 있는 스마트폰과 운영시스템OS, Operating System 개발에 착수했다.

그러나 스마트폰의 핵심 소프트웨어인 OS 전략을 기존 노키아의 심비안과 신규로 채택한 미고MeeGo 사이에서 우왕좌왕했고, 새로운 플랫폼 하나를 개발하기 위한 타당성 검토에만 6~9개월을 소모했다. 이렇게 노키아는 비효율적인 조직 운영과 타성에 젖은 시장 대응 등 노쇠한 거인의 무기력증을 유감없이 보여 주면서 서서히 침몰해 갔다. 점점 위기에 몰리자 고육책으로 마이크로소프트의 윈도우폰으로 완전히 시프트Shift했으나 성공하지 못했고, 마침내 2013년 마이크로소프트에 휴대폰사업부를 매각하고 최후를 맞이했다.

노키아는 휴대폰의 성공이 지속되던 사업 확장기에는 좋은 아이디어가 제시되면 전 세계의 노키아연구소에서 동시에 개발을 진행했다. 경쟁사에 비해 훨씬 다양한 모델을 가지고 지역별로 최적화된 제품을 판매했다. 동시에 플랫폼화 전략에 따른 규모의 경제를 통해 업계 최고 수준의 원가경쟁력을 확보하는 등 매우 혁신적이면서도 발 빠른 행보를 보였다.

하지만 규모가 급속하게 커지고 오랜 기간 업계 1위의 지위를 누리자, 기존의 성공 틀과 관성에 얽매여 혁신이 정체되고, 보수적이고 관료화되어 버리는 이카루스 패러독스Icarus Paradox에 빠져 버렸다. 시장 트렌드Trend를 정확히 읽고 애플보다 훨씬 이전에 터치 기능이 있는 차세대 제품 개발을 준비해 놓았으나, 타임 투 마켓Time to Market에 대한 오판으로 애플에게 선수를 빼앗겨 버렸다. 방향 설정은 옳게 했지만 정작 속도를 높여야 하는 타이밍을 잡아내지 못하고, 애플이 아이폰을 성공시키는 것을 보면서도 신속히 판단하고 기민하게 대응하지 못했다. 자신감에 넘쳐 태양까지 날아오르려다가 밀랍 날개가 녹아내려 추락한 이카루스처럼 노키아도 기존의 성공 틀에서 벗어나지 못해 정체되고 위기에 빠졌던 것이다.

노키아가 아이폰에 대응해야 할 필요를 인식한 시점은 2008년이었다. 그때부터라도 제대로 전략을 수립해 일사불란하고 신속하게 반격에 나섰더라면 그렇게 처절하게 몰락하지는 않았을지 모른다. 당시 노키아에게는 몇 번의 중요한 역전의 기회가 있었다. OS 전략만 보더라도 과감하게 자신의 OS를 버리고 구글과 협력해 안드로이드Android를 채택하고, 자신의 강점인 하드웨어에 집중할 수 있었다. 또한 제품의 개발 조직도 단순화하고 책임을 명확히 해 신제품 개발주기를 경쟁사 수준으로 대폭 단축하고, 핵심 부품에 대한 공급자Supplier들과의 파트너십도 강화해 원가경쟁력을 확보할 수 있었다. 하지만 노키아에겐 당시 상황에 걸맞는 위기의식과 비상 대책을 수립하고 실행함에 있어서 치열함이 부족했다.

결국 노키아는 강력한 속도전이 필요한 시점에 타이밍을 놓치고 역사의 뒤안길로 사라져 버리는 비극으로 막을 내렸다. 당시 노키아의 개발 인력, 유통 장악력, 브랜드 파워 등을 감안해 볼 때, 만약 노키아가 삼성 수준의 속도전 능력을 갖추었더라면 아마 현재 스마트폰 시장의 경쟁구도는 많이 달라졌을 것이다.

>>
일본 전자기업
'NIH 신드롬'에 발목 잡히다

1990년대 후반까지만 해도 일본의 가전업체는 소니Sony, 파나소닉 Panasonic, 샤프Sharp, 도시바Toshiba, 히타치Hitachi 등 5개 메이저 기업이 글로벌 마켓Global Market에서 나름대로 의미 있는 시장 지위를 차지하고 활동하고 있었다. 소니는 TV, 오디오Audio 등 소비자 가전 분야의 리딩 기업이었으며, 샤프는 LCD 패널에서는 세계적으로 독보적인 1위 기업이었다.

그러나 그로부터 20여 년이 채 되지 않은 현재, 한국의 삼성, LG 등과 경쟁에서 패한 이들 일본의 가전업체들은 가전산업에서 철수했거나 구조조정을 통해 가전 분야 규모를 크게 축소했다. 이들의 실패 원인은 복합적이지만, 속도경영의 관점에서 소니와 파나소닉을 중심으로 그 원인을 살펴보겠다.

일본 업체들은 대부분 의사 결정 구조가 다단계이고 관련 부서가 모여 집합적인 의사 결정을 한다. 이러한 의사 결정 구조는 신중하고 중지를 모으는 장점이 있지만, 속도의 관점에서 보면 의사 결정이 대단히 느려지고 위험 회피 경향이 강하게 나타나는 문제점이 있다. 때문에 아날로그에서 디지털로 기술과 제품이 전환되는 시점에서 과감하게 새로운 기술의 변화를 수용하지 못했다. 이와 함께 전통적인 고품질, 첨단기술 중심의 사고와 조직문화 때문에 급변하는 시장과 고객의 요구에 유연하게 대응하지 못했다.

특히 TV 제품이 아날로그방식인 브라운관 TV에서 디지털방식인 평판 TV로 전환되는 시점에 대응이 늦었다. 일본의 전자업체들은 대부분 브라운관 제조 기반으로 전 세계 TV 시장에서 주류를 이루고 있었다. 브라운관 TV는 소위 배불뚝이 TV라고 해서 전자총에서 전자빔을 쏘는 방식이어서 화질은 선명했지만, 두께를 줄여 박형으로 만드는 데 기술적 한계가 있었다.

그런데 1990년대 중반부터 파나소닉, 파이오니어 등의 PDP 방식 TV와 샤프를 필두로 한 LCD 방식 TV가 나오면서, 시장은 평판 TV 중심으로 바뀌기 시작했다. 신기술을 적용한 평판 TV는 두께가 얇아 벽걸이용으로도 설치할 수 있었고, TV의 디자인이 새로워지고 대형 화면도 기술적으로 가능해지면서 소비자들의 수요는 급속하게 평판 TV로 옮겨갔다. 이런 변화기에 일본 업체들은 신속한 의사 결정을 하지 못하고 실행 면에서도 적절한 대응을 하지 못하면서, 기술적으로 후발인 한국 기업들과의 경쟁에서 뒤처지게 되었다.

소니, 자기 교만에 빠지다

2016년 5월에 타임지는 그간 사람들의 생활에 크게 영향을 미친 50대 IT 제품을 선정해 발표했다. 1위는 애플의 아이폰이 차지했고 소니의 트리니트론 TV와 워크맨이 각각 2위와 4위에 뽑혔다.

소니가 1979년에 처음 개발한 워크맨 모델은. 소니의 엔지니어였던 이라 미츠로가 비행기에서 음악을 들으면 좋겠다는 아이디어에서 시작되었다. 처음 개발한 모델은 크기를 줄이고 헤드폰을 꽂아 음악을 들을 수 있는 컨셉으로 개발한 휴대용 음악 재생기였다. 녹음도 안 되고 스피커도 없는 단순한 제품이었다. 특별한 기술이 적용된 것도 아니고 기능이 뛰어난 것도 아닌 데다 시장조사 결과도 긍정적이지 않아서 내부에서는 출시에 대한 반대가 심했다고 한다. 하지만 소니의 공동 창업주 모리타 회장의 과감한 결단으로 출시되었다. 소니 워크맨의 등장으로 사람들은 걸어 다니거나 대중교통을 이용하면서도 음악을 감상할 수 있게 되었다. 음악을 즐기는 문화에 혁명적인 변화를 가져왔고, 역사상 처음으로 개인용 전자제품이라는 개념이 생기게 되었다.

트리니트론 TV와 워크맨 외에도 소니는 캠코더, CD 플레이어Player, 바이오 노트북, 플레이 스테이션 게임기 등 신기술을 적용한 혁신 제품을 지속적으로 출시해 성공시켰다. 2007년 애플이 아이폰을 들고 재등장하기 이전까지는 전자업계 혁신의 아이콘으로 업계를 석권했다.

소니는 전통적으로 기술에 중심을 두고 경영을 했는데, 계속되는 성공으로 회사 내부에는 NIH 신드롬Not Invented Here : '여기서 개발한 것이 아니다'라는 '자기 교만'을 의미이 만연했다. 제3자가 개발한 기술이나 연구 성과는 인정하지 않고 모든 문제를 자신이 속한 조직 내부의 역량만 가지고 해결하려 했다. 그 결과로 소통이 매우 어렵고 협업이 잘 이루어지지 않는 취약점을 드러냈다.

소니는 자사의 아날로그 기술에 집착하고 시장 변화와 동떨어진 엔지니어들의 기술 개발에 의존한 결과, 몇 가지 치명적인 잘못된 의사 결정을 반복하면서 끝없이 추락했다. 인터넷의 확대로 음악 시장의 패러다임이 파일 교환이 쉬운 MP3로 바뀌고 있는 데도 불구하고, 독자 규격인 ATRACAdaptive Transform Acoustic Coding, 오디오 압축 방식 중 하나를 고집함으로써 철옹성이던 휴대용 오디오 시장에서 패권을 잃었다.

TV 시장에서도 같은 잘못을 반복했다. 소니는 브라운관 TV 시절 독자적인 기술인 트리니트론 방식을 적용해, 경쟁사보다 훨씬 밝고 화질이 선명한 TV를 만드는 데 성공함으로써 소비자들의 절대적인 신뢰를 얻었다. 대부분의 브라운관 TV 제조업체에서는 미국의 RCA가 개발한 섀도마스크 방식을 채용했는데, 고해상도로 갈수록 화면이 어두워지는 문제점이 있었으므로 소니의 트리니트론 방식이 하이엔드 제품군에서는 절대적으로 유리했다.

그런데 디스플레이 디바이스 기술의 진보로 TV 시장은 평판 디지털 TV로 바뀌는 추세였다. 소니는 아날로그방식인 브라운관 TV의 화질이 우월하다는 확신 아래, 단기적으로는 트리니트론 TV로 경쟁사의 디지털 TV에 최대한 대응하면서, 미래 기술로는 PDP나 LCD보다 AMOLED 연구에 중심을 두는 전략을 실행했다. 그러나 AMOLED의 실용화에는 성공하지 못했다.

업계의 TV 기술이 브라운관에서 LCD로 바뀌고 있었지만, 소니는 핵심 부품인 LCD 패널 생산을 내재화하는 투자 결정 시점을 놓쳐 LCD 패널을 외부에서 구매할 수밖에 없게 되었다. 후에 삼성과 LCD 패널 공장을 합작으로 운영하는 의사 결정을 했지만, 삼성에 비해 LCD의 R&D와 양산 기술에서 절대적으로 열세였기 때문에 주도권을 갖지 못하고 그저 LCD 패널을 대량 구매하는 전략 거래선에 머물 수밖에 없었다. LCD TV는 점점 대형화되고 고해상도로 발전하는 추세였으나, LCD 패널을 외부에 의존할 수밖에 없었던 소니는 신모델 개발 경쟁에서 이니셔티브를 쥐지 못하고 늘 삼성전자에 뒤처졌다. 즉 제품 개발 속도전에서 절대적으로 열세였던 것이다.

마침내 소니는 주력 시장인 미국에서 마저 삼성에게 시장점유율 1위를 내주고 가격 포지셔닝Positioning에서도 더 이상 우위를 점하지 못하면서 양적, 질적 측면에서 모두 패하고 급전직하의 길을 걷게 된다. 소니의 소비자 가전 사업의 매출 규모는 10년이 채 안 되는 기간에 절반으로 줄어들었고, TV 사업에서 10년 간 약 10조 원 가까운 적자를 시현했다. 결국 2014년 컴퓨터바이오 부문은 사모펀드에 매각하고, TV 부문은 계열 분리해 독립시키면서 자존심을 접고 소니의 간판이던 TV 사업에서 한발 물러섰다. 이후 소니는 이미지 센서 사업과 플레이스테이션을 주축으로 부활을 위해 절치부심하고 있다.

파나소닉, 타이밍을 놓치다

세계의 가전업계 1위였던 일본 파나소닉의 가장 중요한 실패 원인은 PDP TV에서 LCD TV로의 전환이 늦은 데 있다. 파나소닉은 소니와 함께 브라운관 TV의 강자였다. 디지털로 전환되면서는 PDP TV를 개발하고, 소니와는 달리 핵심 부품인 PDP 패널 생산을 내재화했다.

아날로그에서 디지털 TV로 전환되는 초기 시점에는 파나소닉을 중심으로 하는 PDP 진영과 샤프를 중심으로 하는 LCD TV 진영의 시장 표준 선점을 위한 경쟁이 있었다. 기술적으로 후발 기업이었던 한국의 삼성과 LG는 양 진영에 모두 참가해 LCD 와 PDP 패널 모두에 생산 투자를 하면서 추이를 지켜 보았다.

PDP는 설비 투자 규모가 LCD의 절반 이하이고 화면의 대형화와 원가경쟁력 면에서 유리하지만, 전력 소비와 발열 측면에서 단점이 있었다. 반면에 LCD는 상대적으로 밝고 선명해 보이지만, 사이즈를 대형화하기에는 여러 기술적인 난제가 있었다.

당시 어느 디바이스Device가 우수한지에 대해 논란이 많았지만, 파나소닉과 경쟁 관계에 있던 소니가 2003년 삼성과 합작으로 LCD 패널 생산을 하기로 결정하면서 무게중심은 결정적으로 LCD 진영으로 기울었다.

2000년대 중반에 들어서면서 삼성과 LG도 PDP 추가 투자를 중단하고, 생산 투자, 제품 개발, 마케팅 투자 등 모든 면에서 LCD에 집중하면서 업계 표준은 사실상 LCD로 확정되었다. 그럼에도 파나소닉은 기술적인 자존심과 시장에 대한 판단 착오로 2010년까지 지속적으로 PDP 생산설비를 늘려 나갔다. 이후 대세가 이미 기울었음을 인식한 파나소닉은 LCD 패널에 대한 투자를 뒤늦게 시작했다. 하지만 이미 삼성이나 LG가 LCD 패널 생산규모에서 절대적으로 월등한 수준을 차지하고 있어 경쟁이 불가능했다. 결국 TV뿐만 아니라 다른 제품에서도 경쟁력을 잃은 파나소닉은 B2B와 자동차 전장 부품 중심으로 사업을 재편했다.

파나소닉의 실패를 속도전의 관점에서 보면, 첫째, 방향 설정이 잘못되었다. 잘못된 방향으로 전 속력으로 달리고 나서 뒤늦게 방향을 전환했지만, 결과적으로 벡터량 개념인 속도는 원하는 수준을 확보하지 못했다.

둘째, 타이밍이 늦었다. 투자가 잘못되어 방향을 선회해야 한다는 판단이 너무 늦었다. '매몰비용 효과Sunk Cost Effect'에 빠져 과거의 의사 결정에 얽매이면서 문제를 인지하고 반응하는 속도가 너무 늦어진 것이다.

셋째, 자원 투입 능력의 한계였다. LCD 연합군에 대응해 고군분투하는 상황이라도, 막대한 자원 투입 능력을 가지고 있었다면 더 경쟁해 볼 수 있었을 것이다. 하지만 이러한 가정은 비현실적인 것으로, 그럴 정도로 자원 투입 능력을 가진 기업은 존재하기 힘들다고 보아야 한다.

콩코드 오류, 실패한 초음속 항공기

콩코드 오류Concorde Fallacy라는 용어가 있다. 이미 발생된 투자 비용과 노력이 아까워서, 실패할 것이 예상됨에도 불구하고 포기하지 못하고 계속 일을 진행시키는 오류를 지칭하는 것으로 매몰비용 효과라고도 한다. 이미 발생한 회수할 수 없는 비용을 매몰비용이라고 한다. 아무리 야심차게 시작한 프로젝트이고 이미 막대한 비용과 시간이 투입되었더라도, 중간에 실패가 예상되면 당연히 방향을 수정하거나 포기해야 한다. 하지만 실제로 현실에서는 실패에 대한 책임을 우려하거나 조직 간의 헤게모니 다툼 등의 정치적인 이유로, 마치 '투우사가 휘두르는 붉은 천 카포테만 보고 돌진하는 투우'처럼 무모하게 계속 진행시키는 경우가 종종 있다.

콩코드기는 프랑스와 영국의 2개 회사가 합작해 만든 당시 가장 빠른 속도의 초음속 항공기이다. 고도 1만 8천m에서 전투기만큼 빠른 마하 2음속의 2배로 시속 약 2,100km의 속도로 운항하는 항공기로, 보잉 등의 다른 여객기보다 2배 정도 빨랐다. 속도가 너무 빨라서 비행 때의 마찰열로 62m 길이의 동체가 최대 24cm나 늘어나는 정도였다고 한다.

1969년 첫 출항에 성공한 후, 1976년에 브리티시 에어웨이즈는 런던-바레인 구간을, 에어프랑스는 파리-리우데자네이루 구간을 대상으로 상업 비행을 시작했다. 콩코드기는 다른 항공기로 약 8시간이 걸리던 파리-뉴욕 구간을 3시간 45분만에 운항할 수 있었다.

콩코드기는 속도를 높이기 위해 유선형을 유지하면서 폭이 좁고 길게 설계되어 탑승 인원이 100여 명 밖에 되지 않았다. 또 제트 엔진의 애프터버너를 항상 켜놓고 가속했기 때문에 연료비와 유지 비용이 높아 항공료가 비쌀 수밖에 없었다. 콩코드기의 이코노미 좌석 값이 일반 여객기의 일등석 비용 수준이었다. 하지만 시간 절약 외에도 기류 변화가 적은 높은 고도에서 비행하므로 피로감이 덜하고, 기내에서 최상급의 서비스가 제공되는 등 장점이 있었기 때문에 비즈니스맨이나 엘튼 존, 엘리자베스 테일러, 숀 코넬리와 같은 유명인들이 자주 애용했다.

2000년에는 뉴밀레니엄New Millenium을 두 번 맞는 이벤트가 기획되기도 했다. 파리에서 2000년 1월 1일 새해를 맞이하고 0시 30분에 드골공항을 출발해, 1999년 12월 31일 22시 15분에 뉴욕에 도착해, 두 번 새해를 맞이하는 이벤트였다. 파리와 뉴욕 간 시차가 6시간이므로 비행시간인 3시간 45분을 빼면, 뉴욕 시간으로는 2시간 15분 일찍 도착하는 셈이었다.

그런데 24년 간 무사고로 운항하던 콩코드기가 2000년 7월 25일, 뉴욕을 향해 드골공항을 이륙한 지 3분 만에 추락해 탑승자 전원이 사망하는 사고가 발생했다. 그전까지 가장 안전한 항공기라는 명성이 무너지는 순간이었다. 사고 원인은, 다른 항공기에서 떨어져 나와 있던 조그만 금속조각이 콩코드기의 랜딩 타이어에 부딪치면서, 파편이 연료통을 강타해 항공유가 새어 나와 불이 붙으면서 추락한 것으로 판명되었다

사고 이후 항공기의 안전조치를 보완해 1년 뒤 운행을 재개했다. 하지만 추락에 따른 이미지 손상과 미국의 9.11 테러 여파로 승객 탑승률이 50% 이하로 떨어졌다. 결국 경영난을 이기지 못하고 2003년에 에어

프랑스가 운항 정지를 결정하자, 뒤이어 브리티시 에어웨이즈도 콩코드기의 운항을 중단했다.

콩코드기의 실패 원인으로 몇 가지를 꼽을 수 있다.

첫째, 콩코드기가 취항하기 시작할 때인 1970년대 초의 오일쇼크이다. 유가 상승은 빠른 속도를 내기 위해 낮은 연료효율을 감수해야 했던 콩코드기의 손익 구조를 크게 악화시켰다. 콩코드기는 운항 개시 전에, 전 세계 16개 항공사로부터 74대를 수주해 순조롭게 출발했다. 하지만 1973년 발생한 오일쇼크로 주문이 대부분 취소되고, 최종적으로 상업용은 14대만 운항되었다.

둘째, 너무 비싼 항공료이다. 일반 항공기의 일등석 요금 수준으로 이코노미석을 제공하는 것은 아무리 서비스를 고급화한다고 해도 고객 확대에는 무리가 있는 수준이었다.

셋째, 급격한 승객 감소이다. 2000년 드골공항에서 이륙 도중 추락한 사고의 영향으로 개발한 지 오래된 콩코드기의 안전성에 대한 의문이 생겨나고, 이와 함께 9.11 테러 등 불리해진 외부 환경 변화로 인해 승객이 급격히 감소했던 것이다.

초음속의 2배 속도로 날아 운항 시간을 2배나 축소하면서 화려하게 출발했던 콩코드기는 최고의 속도를 화두로 고객에게 접근했던 상품과 서비스였다. 전형적인 속도 상품이며, 세계 최초이고 유일했으므로 속도전 개념으로 추진되었다고 할 수 있다.

그렇다면 속도경영의 시각에서 볼 때 어디에 문제가 있었을까? 문제는 사업의 방향과 타이밍이었다. 고비용의 사업구조, 높은 항공료로 인한 승객 확대의 어려움, 환경문제 등이 개발 과정에서 드러났지만, 새로운 방향을 모색하지 못하고 그대로 진행되어 결국 운항을 시작한 후에도 경영의 발목을 잡은 것이다.

앞에서도 설명했지만 사업 방향이 잘못되었을 때, 그 사업을 빠르게 추진할수록 문제는 오히려 더 커진다. 속력만 높였지 방향이 고려된 벡터 값인 속도는 떨어진 것이다. 안전성과 같은 근본적인 항목이 제대로 검증되지 않은 상품을 가지고는 속도경영을 할 수 없다. 속도경영을 하기 위해서는 최소한의 기본적인 요구 사항이 충족되는 상품이 전제되어야 한다. 이는 마치 전차부대를 앞세워 신속하게 속도전을 펼치려는 전투에서 전차가 제대로 작동하지 못하고 안전에 취약하다면 쉽게 무너질 수밖에 없는 것과 같은 이치이다.

>>
삼성전자
혁신과 속도경영으로 글로벌 일등이 되다

속도경영으로 탁월한 성과를 낸 기업을 얘기하자면 삼성전자가 으뜸일 것이다. 1969년 설립된 삼성전자는, 처음에는 일본 산요에서 기술을 배워서 라디오, TV 등 가전제품을 만들기 시작했다. 설립 후 성장을 거듭해온 결과 30여 년만인 2002년에는 시가총액에서 소니를 추월해 소비자 가전업계 세계 1위가 되었다.

1990년대 중반까지만 해도 삼성은 반도체 D램 분야에서만 두각을 나타내고, 가전 부문에서는 그냥 우수한 OEM(Original Equipment Manufacturer) 공급업체 정도로 평가받았는데 어떻게 20년도 채 지나지 않아 이러한 일이 벌어질 수 있었는가? 최고 경영층의 리더십과 디지털혁명으로 인한 경쟁 환경의 급속한 변화 등 여러 가지 요인이 작용했지만, 여기서는 외부 환경 변화에 신속하게 적응하고 때로는 주도적으로 환경 변화를 창출해 왔던 속도경영의 관점에서 삼성전자의 성장을 살펴보려고 한다.

글로벌 동시 런칭 속도전, 삼성 보르도 TV

2004년 뉴스위크지는 '디지털 마스터즈'라는 기사에서, "아시아를 디지털시대 최전선에 서게 한 원동력은 속도이다. 삼성전자는 경영의 속도를 계속 높여온 결과, 지난 10년간 소니 등을 모방하는 수준에서 벗어나 전 세계에서 가장 수익성 높은 가전제품 기업으로 발돋움했다."며, 삼성전자의 성공 비결은 속도경영에 있다는 분석 기사를 게재했다. 또 "삼성전자는 여타 기업이 성공적으로 기술을 개발할 때까지 기다렸다가 이를 개선한 다음, 누구보다 신속하게 다양한 완제품을 쏟아 낸다."며, "초밥이건 휴대전화건 부패_{진부화}하기 쉬운 상품의 핵심은 속도이며, 속도가 전부다."라고 말한 삼성전자 윤종용 부회장의 발언을 인용했다.

1993년 이건희 회장의 신경영 선포 이후 삼성은 전사적 자원 관리 시스템_{ERP: Enterprise Resources Planning}을 도입했고, 제품 개발 관리, 공급망 관리_{Supply Chain Management}, 고객 관리_{Customer Relationship Management} 등 IT 시스템을 접목한 주요 프로세스 혁신을 적극적으로 추진했다. 특히 공급망 관리에서는 해외법인 정보를 통합, 통제하고 글로벌 차원의 수요 관리와 주 단위 생산 관리 체제를 도입해 효율적인 재고 운영을 꾀했다.

그 중 속도 측면에서 중요한 경쟁 요소인 삼성의 SCM_{Supply Chain Management : 공급망 관리}을 이해하려면, TV 사업을 보면 쉽게 알 수 있다. 2000년대 삼성은 브라운관 TV에서 일본의 소니, 파나소닉과 같은 회사와 글로벌 시장에서 힘겨운 경쟁을 하고 있었다. 당시 TV 사업은 주요 시장인 미국에서도 적자를 보고 있는 천덕꾸러기 사업부였다. 그런데 디지털 기술의 사업화 가능성을 보고, 그동안의 주력 사업이었던 브라운관 TV를 버리고 새로운 디지털 TV인 평판 TV로 승부를 거는 과감한 의사 결정을 했다.

TV 일등의 주역인 삼성의 보르도 TV는 기존의 평판 TV에 비해 두께도 얇아지고 디자인이나 기능 혁신도 이루어 냈지만, 글로벌 동시 런칭이라는 전략을 활용해 크게 성공했다. 이때부터 삼성 TV는 글로벌 일등을 유지하면서 업계 선두 주자의 이미지를 갖게 되었다.

과거 대부분의 기업들은 새로운 TV 제품을 판매할 때 주요 국가에서 먼저 런칭한 후, 순차적으로 다른 국가로 확산해 판매하는 전략을 사용했다. 그러나 삼성은 우수한 개발 및 제조 역량을 활용해 국가별로 사양이 다른 TV를 일시에 생산해 전 세계 주요 국가에서 동시에 런칭했다. 글로벌하게 신제품 출시 효과를 극대화하는 마케팅 전략을 사용했던 것이다. 이것은 사양이 서로 다른 제품을 동시에 개발해 낼 수 있는 개발 역량과 각국의 주요 유통점에서 동시에 전시, 판매할 수 있는 유통력, 그리고 효율적인 글로벌 공급망 관리 시스템 SCM이 뒷받침되었기 때문에 가능할 수 있었다.

당시 삼성은 모든 TV 제품 라인업을 전 세계 시장에 동시에 출시할 수 있는 유일한 회사였다. 경쟁사보다 빠르게 신제품을 출시하는 속도전을 전개하는 한편, 2주일 이내의 재고만 보유하고 주문에 대응할 수 있는 시스템을 갖춰 재고 비용을 획기적으로 감소시켰다. 전 세계 시장을 대상으로 전자 제품 사업을 하면서 2주 분의 재고로 운영을 한다는 것은 대단히 혁신적인 것이었다. 왜냐하면 주요 유통점에서 판매되는 모델별 판매 물량을 주 단위로 예측해야 하고, 거기에 맞추어 부품 조달과 생산, 운송에 이르는 전 과정을 차질 없이 해 내야 하며, 무엇보다 모델별로 주 단위 판매 예측을 하는 일이 너무 어렵고 오차가 크기 때문이다.

재고를 최소화하면서 운영한다는 것은 그만큼 저비용으로 사업을 운영한다는 의미이고, 그것은 바로 제품의 가격경쟁력으로 직결된다. 그 뿐만 아니라 일반적으로 신제품이 출시되면, 유통회사들은 남아 있는 구제품을 할인 판매로 빠른 시간 내에 소진하고 신제품 판매에 집중해야 사업의 선순환이 이루어진다. 그런데 이때 할인 비용 대부분을 제조회사에서 책임진다. SCM이 제대로 안 되면 유통 단계에서 남아 있는 재고가 비용으로 처리되어, 기업 입장에서는 큰 부담이 된다. 삼성은 통상 2주분의 재고만 유지하면서 운영할 수 있는 역량이 있었기 때문에, 신제품 출시로 인한 구제품 재고의 할인 판매에 따른 손해도 최소화할 수 있었던 것이다.

프로세스의 혁신으로 매우 신속하고 효율적인 정보 관리가 가능해져, 기업 운영 전반에 걸쳐 통상적으로 발생하는 문제에 대해 선제적으로 대응할 수 있는 내부 역량이 축적되었다. 이것이 후일 제품 개발과 신제품 마케팅 전략을 전개할 때 경쟁사들을 압도하는 차별적 속도전을 구사할 수 있는 역량의 바탕이 되었다. 또한 수익력이 현격히 개선되어 투자를 위한 여유 자금이 축적되었다. 자신감이 붙은 삼성은 신제품 개발 때, 여러 가지 기술적 대안에 대해 동시에 투자해 진행시켜 그 중에서 성과가 좋은 안을 채택해 신속하게 공격적으로 드라이브하는 과감함을 보여 주었다.

일반적으로는 신제품을 개발하거나 신사업을 전개할 때 여러 가지 안을 비교 분석해, 가장 최적이라고 판단되는 한 가지 안을 선택해 진행하는 것이 관례이다. 그 이유는 대부분의 기업은 인적, 물적 자원이 제한되어 있어서 여러 안에 분산 투자할 만한 여력이 없기 때문이다. 그러나 삼성은 LCD TV의 광원을 LED로 대체하면서 LCD와 LED 개발팀을 동시에 가동시켰다. 또 평판 TV 사업 초기에 PDP와 LCD 중 어느 쪽이 업계의 표준이 될지 확실치 않던 시기에, 삼성 SDI는 PDP를, 삼성전자는 LCD를 맡는 것으로 역할 분담해 사업을 전개하다가 전망이 확실시되자 삼성전자로 통합했다.

또한 1메가디램 개발 시 국내 개발팀과 미국 현지 연구소 개발팀을 경쟁시켜 최종적으로 개발된 결과를 보고 최선의 안을 선택하는 방법으로, 전사적인 개발 속도를 높임으로써 타이밍을 잃지 않고 경쟁 기업에 앞서서 시장을 리드할 수 있었다. 당시 이러한 동일한 제품의 병행 개발, 동일한 사업의 병행 추진은 모두 삼성이 그 정도의 자원 투입을 감당할만한 능력이 있었기 때문이기도 했고, 또한 삼성이 그만큼 경쟁 원리로서의 속도를 중요하게 여기고 실행에 옮겼기 때문이었다고 할 수 있다.

패스트패션 강자가 된 자라ZARA

패션의류산업은 시장의 트렌드와 수요를 예측하기가 쉽지 않다. 예측에 맞춰 원자재를 구입해 상품을 생산하기보다는, 판매 목표에 따라 신상품을 만들어 시장에 내놓고 판매를 푸시push하는 공급자 관점의 시장이었다. 그래서 계절이 지나도록 판매하지 못하고 남은 재고는 소위 '땡처리'라 하는 큰 폭의 할인 판매를 반복하는 관행이 있었다. 그러나 새로운 기업들의 진입으로 경쟁이 치열해지면서 소비자의 기호를 잘 읽어 신속하게 대응하는 능력이 중요해지고 있다. 특히 글로벌 브랜드는 소비자들의 다른 취향과 소비 패턴을 고려해 지역별로 최적의 대응을 하는 게 중대한 과제가 되었다.

SPA 브랜드Specialty Store Retailer of Private Label Apparel는 직영점을 가지고, 디자인에서 제조, 유통까지 일관된 수직통합 시스템을 갖춘 의류 브랜드를 의미하는데, 미국의 청바지 브랜드인 GAP에 의해 도입되었다. 소비자들에게 '값비싼 브랜드 한 벌을 사기보다, 질 좋고 값이 적당한 브랜드로 여러 벌을 사라'는 가치 제안Value Proposition을 내세우면서 성장했다. 자라Zara스페인, H&M스웨덴, 유니클로UNIQLO일본가 대표적인 브랜드들이다.

SPA 브랜드들은 대부분 소비자의 요구 및 유행의 변화를 신속하게 제품에 반영해, 패스트푸드처럼 빠르게 소비자에게 제공한다고 해서 패스트패션 기업으로 불리는데, 그 중에서도 특히 자라가 발군의 기량을 보유하고 있다. H&M은 트렌드 예측을 잘하는 것에 중점을 두고, 유니클로는 신소재 개발과 유행을 타지 않는 기본 디자인의 의류를 소품종 대량생산함으로써 규모의 경제를 통해 원가경쟁력을 확보하는 전략을 따르고 있다. 그리고 자라는 신속한 디자인과 공급망 관리SCM, Supply Chain Management를 핵심 경쟁력으로 하고 있다. 잘 살펴보면 모두 재고 관련 비용을 최소화하는 데 초점을 맞추고 있다는 것을 알 수 있다.

속도를 핵심 역량으로 하는 자라는 스페인 기업 인디텍스가 보유하고 있는 브랜드로, 전 세계 88개 국가에 2,000여 개의 매장을 보유하고 있는 매출 24조 원 규모의 업계 수위 글로벌 브랜드이다. '재고는 곧 죽음 Inventory=Death'이라는 인식 아래, 공급망 상의 원재료와 완제품 재고를 최소화하고 정가 판매를 위주로 하고 있다. 할인 판매는 년 2회 한정해서 실시하고 있으며, 정가 판매 비중이 약 85% 수준에 이르고 있다. 업계 평균 65~70%에 비해 현저하게 높아, 재고 할인 판매로 인한 손실이 경쟁업체에 비해 크게 낮은 수준이다.

또한 자라는 마케팅 비용이 매출액의 0.5% 수준밖에 안된다. 비용이 높은 매체 광고를 지양하고 재고 비용을 절약하면서, 반면에 좋은 위치에 매장을 확보하고 매장 디스플레이나 쇼핑백 디자인 등에 마케팅 비용을 집중하고 있다. 마케팅 비용을 줄여 확보된 재원으로 제품을 중저가에 제공하는 전략을 사용하는 것이다.

일반적으로 의류산업은 노동집약적이라서 임금 수준이 낮은 지역에 위치한 공장에서 아웃소싱하는데, 자라는 생산과 물류의 탄력성을 확보하기 위해 약 75%의 물량을 자체 생산으로 충당하고 있다. 스페인과 포르투갈에 밀집된 20여 개 공장에서 재단과 염색을 한 옷감은, 약 400여

개 전문 샵에서 옷으로 만들어져 물류센터로 집하된다. 대부분의 물류센터를 전략적으로 본사와 가까운 곳에 두어, 유럽 지역은 24~36시간, 그 외 지역은 48시간 내에 물류센터에서 매장까지 공급이 가능한 운송 체제를 구축했다. 유럽의 공장이 임금은 더 비싸도, 원재료 투입부터 제품 생산까지의 총 처리 시간Turn Around Time이 아주 짧아서 신속한 대응이 가능하다고 한다.

의류업계는 디자인에서 생산까지 통상 6개월이 소요되지만, 자라는 2~3주 만에 가능한 시스템을 가지고 있어서 30~50%의 물량을 시즌 중에 디자인해 공급하고 있다. 이렇게 신속한 SCM을 실행해 내기 위해 자라는 독특한 업무 프로세스를 가지고 있다. 정기적으로 1주에 2회 상품을 발주하고 2회 입고하는 매장 시스템을 운영하면서, 디자인, 구매, 제조, 물류, 판매 등 전 부문이 규정된 타임라인에 맞추어 움직이도록 함으로써 운영 효율을 높이고 있다. 심지어 고객들까지도 이런 프로세스에 익숙해서 언제 매장을 방문하면 신상품이 나오는지 잘 알고 있다고 한다. 이런 시스템을 통해 꼭 필요한 소량을 매장에 공급해 과다 재고로 인한 비용 증가와 불필요한 할인 판매를 예방하고, 경쟁력을 갖는 것이다.

효율적인 SCM 운영이 가능한 것은 강력한 IT 시스템으로 뒷받침되는 신속한 정보 공유 시스템이 있기 때문이다. 전 세계 매장의 잘 훈련된 매니저들은 판매 및 소비자 반응에 관한 정보를 신속하게 본사로 전송한다. 수집된 정보를 체계적으로 분석해 매장별로 최적의 제품이 공급되도록 생산 계획에 반영하고, 끊임없이 제품 디자인을 수정 보완해 매년 11,000종의 의류를 생산, 판매하고 있다.

특히 디자인을 강화하기 위해 200명이 넘는 디자이너가 디자인 포트폴리오를 운영하는 한편, 수백 명의 트렌드 스파터Trend Spotter가 소비자들이 어떤 디자인을 원하고 향후에 어떻게 변화할 것인지를 현장에서 조사해 즉각 디자인에 반영하고 있다. 결과적으로 최신 트렌드를 반영해 15일 만에 상품화해서 2주에 한 번씩 신상품을 매장에 공급하는 시스템이다. 세부적으로 보면 디자인 1일, 생산 3~8일, 운송 1~2일이 소요된다. 이를 통해 매장 공급주기를 짧게 하고 배송 물량 단위를 소량화해, 재고를 획기적으로 줄여 나가고 있다.

자라는 디자인부터 판매에 이르는 공급망의 실행 속도를 일반적인 업계 수준보다 10배 이상 높이는 독보적인 프로세스를 구축함으로써 업계 최고의 경쟁력을 확보할 수 있었다. 전형적인 속도경영의 성공 사례라고 할 수 있는데, 특히 SCM을 신속히 할 뿐만 아니라 시장과 고객으로부터 수집한 정보의 유통 속도를 높여 신속히 제품에 반영하는 부분은 주목할 만하다.

강점을 선택하고 집중하는 속도전, 삼성 휴대폰

2007년 애플은 아이폰을 내놓으며 기존의 휴대폰 시장을 뒤흔들었다. 그 후 4년 만에 누적으로 1억 대를 팔고 2011년에는 시장점유율 20%에 육박해 경쟁자들을 놀라게 했다. 애플은 디자인과 기능, 사용 편의성UI, User Interface 등 제품의 혁신뿐만 아니고, 앱과 앱스토어라는 소프트웨어와 서비스 인프라를 구축해 자신만의 고유한 모바일 생태계를 경쟁의 도구로 삼았다. 이전과는 완전히 다른 새로운 게임 룰로 휴대폰 시장을 피처폰에서 스마트폰으로 급속하게 드라이브했다. 한 번 아이폰을 사용한 고객들은 제품을 교체할 때 드는 전환 비용Switching Cost이 커서 그 생태계에 남아 있는 것이 훨씬 유리하므로, 또 다시 아이폰을 구매하게 하는 선순환 구조를 만들어 낸 것이다.

당시 휴대폰 시장의 약 40%를 차지하고 있던 절대 강자 노키아는 물론이고, 점유율 20%로 2위였던 삼성전자도 스마트폰에 대한 준비가 거의 되어 있지 않았던 상태에서 불의의 일격을 받고 휘청거렸다. 2009년 애플은 아이폰을 삼성의 안방인 한국 시장에도 출시했다.

한편 삼성은 빠르게 전열을 정비하고 총 역량을 동원해 스마트폰 개발을 준비했다. 이때 삼성이 가지고 있는 장점이 발휘되었다. 시장의 변화에 빠르게 대응하기 위해 멀티플랫폼 전략을 채택했다. 마이크로소프트의 윈도우 기반으로 옴니아 브랜드 제품 라인을 개발하고, 구글의 안드로이드를 기반으로 갤럭시를 개발하며, 삼성이 직접 만든 OS인 바다를 기반으로 별개의 스마트폰을 개발하는 등 총 3

가지 플랫폼을 동시에 추진했다. 이렇게 여러 종류의 플랫폼을 국가별로 통신 규격에 맞게 개발해 시장의 변화에 따라 가장 좋은 제품을 시장에 투입하는 것이다.

그 후에 제품의 핵심인 운영시스템OS, Operating System 전략에서 삼성은 과감한 결정을 한다. MS의 윈도우와 삼성 고유의 OS인 바다를 버리고, 구글과 전략적 협업을 통해 오로지 안드로이드 기반의 스마트폰만을 개발하는 전략으로 바꿨다. OS 시스템의 안정성 확보는 구글에 맡기고, 삼성은 스마트폰의 출시를 최대한 앞당기는 데 전념하는 전략을 택한 것이다.

삼성은 기본적으로 수직계열화 전략에 기반을 두고 사업을 전개한다. 휴대폰의 경우에도 자체적으로 AP Application Processor, 메모리, 디스플레이 모듈, 카메라 모듈 등을 개발해 보유하고 있었다. 이런 핵심 부품의 인소싱 파워와 막강한 제조 역량을 결합하고, 안드로이드로 OS를 단일화해 집중함으로써 전 세계의 통신사에 거의 같은 시기에 스마트폰을 공급할 수 있었다.

그 결과 안드로이드 최신 버전 2.1을 채용한 최고 사양4" 수퍼아몰레드 디스플레이, 1GHz 싱글코어 초고속 프로세서, 500만 화소으로 2010년 6월 갤럭시 S를 출시했다. 그리고 2011년 3분기에는 아이폰 판매 수량을 추월해, 수량 기준으로 스마트폰 시장 1위를 달성함으로써 세상을 놀라게 했다. 애플의 아이폰으로 세상이 바뀐지 불과 3년 만에 수량으로 아이폰을 따라 잡은 것이다.

탄력을 받은 삼성은 2012년에 바로 갤럭시 S2를 출시해 추동력을 이어간다. 4.3" 수퍼아몰레드Super AMOLED 디스플레이를 채택하고, 두께를 더 얇게 만들고 UI를 개선해, 시장에 내놓은 지 5개월 만에 천만 대 판매를 달성하는 성과를 보여 주었다. 이는 신제품을 잘 만드는 것만으로 되는 게 아니고, 마케팅과 생산, 공급망 관리 등 회사의 전 부문이 유기적으로 결합되어 힘이 집중되어야만 달성이 가능한 일이었다. 뿐만 아니라 삼성은 갤럭시 S를 출시하면서 수조 원에 달하는 브랜드 가치를 가지고 있던 애니콜 브랜드를 포기하고, 갤럭시라는 완전히 새로운 브랜드를 붙여 스마트폰을 판매하는 과단성 있는 의사 결정을 했다.

제조업체	2012년 출하량(백만)	2012년 M/S	2011년 출하량(백만)	2011년 M/S	전년 대비 출하량 추이
삼성	215.8	30.3%	94.2	19.0%	129%
애플	135.9	19.1%	93.1	18.8%	47%
노키아	35.1	4.9%	77.3	15.6%	-54%
HTC	32.6	4.6%	43.6	8.8%	-25%
블랙베리	32.5	4.6%	51.1	10.3%	-36%

2012년 대비 2013년 휴대폰 출하량 및 시장점유율   출처 : IDC

그 이후 갤럭시 S3에서 지금의 S7에 이르기까지 삼성은 지속적으로 화면의 사이즈를 대형화하고 갤럭시 엣지와 같이 디자인을 혁신적으로 차별화함으로써, 새로운 플랫폼인 갤럭시 노트를 성공시킨다. 당시 4"급이 주류일 때 생산 라인에 추가 투자를 해, 노트북, 태블릿, 스마트폰의 기능을 동시에 충족시키고 싶은 고객을 타겟으로 5.3"~5.7" 갤럭시 노트 시리즈를 내놓아 크게 히트시킨 것이다.

스마트폰 부문에서 애플보다 3년 늦게 출발한 삼성은 자신의 역량을 총동원하고 힘을 집중해 단시간 내에 애플을 따라잡는 속도전을 택했다. 시장에서 어떤 OS가 주력으로 자리 잡을지, 생태계 구성 전략의 방향을 어떻게 해야 할지 불확실한 상태에서, OS 및 소프트웨어와 서비스는 구글에 맡겨 생태계의 안정성을 확보하고, 스스로는 하드웨어 혁신에 집중함과 아울러 경쟁 우위인 SCM(Supply Chain Management) 역량을 활용해 글로벌 런칭이라는 차별적 마케팅을 전개한 것이다.

풍부한 자금과 인력 자원을 바탕으로 멀티플랫폼 개발 전략을 추진해 출시 타이밍을 놓치지 않았다. 그리고 추가적인 생산 라인 투자를 감당하면서까지 4"급 화면에서 중간 단계를 거치지 않고 바로 5.3"로 점프해 갤럭시 노트를 출시함으로써, 새로운 세그먼트를 경쟁자보다 선점했다. 또한 과감하게 애니콜 브랜드를 버리고 갤럭시로 새롭게 포지셔닝했다. 모두 속도경영의 일환이라고 할 수 있다.

고객가치를 우선하는 속도전, 갤럭시 노트7의 교훈

쾌속 항진을 하던 삼성의 휴대폰 사업이 2014년 하반기부터 부진한 모습을 보이기 시작했다. 고가 제품군에서는 독자적인 생태계를 구축하고 고정 팬덤을 보유한 애플과의 경쟁이 버거웠고, 저가 제품군에서는 중국산, 인도산과 가격 경쟁에 부딪히면서 시장점유율과 이익이 크게 감소하는 새로운 국면을 맞이한 것이다. 애플은 수량 기준 점유율에서는 삼성보다 뒤지지만, 고가품을 팔기 때문에 매출액은 삼성의 2배 수준이었다. 뿐만 아니라 이익은 전 세계 휴대폰 시장 전체 이익의 70-90%를 차지했다. 이익에서는 거의 독식을 한다고 해도 과언이 아니었다. 따라서 전문가들은 이제 스마트폰의 하드웨어 경쟁은 한계에 달했으며, 애플의 견조한 강세와 중저가폰에서 중국 업체들의 공세로 삼성의 입지가 갈수록 어려워질 것으로 예상했다.

제조업체	2014년 3분기 출하량(백만)	2014년 3분기 M/S	2013년 3분기 출하량(백만)	2013년 3분기 M/S	전년 대비 출하량 추이
삼성	78.1	23.8%	85.0	32.55%	-8.2%
애플	39.3	12.0%	33.8	12.9%	16.1%
샤오미	17.3	5.3%	5.6	2.1%	211.3%
레노버	16.9	5.2%	12.3	4.7%	38.0%
LG	16.8	5.1%	12.0	4.6%	39.8%

2013년 3분기 대비 2014년 3분기 휴대폰 출하량 및 시장점유율 　　　　출처 : IDC

휴대폰 시장의 삼성 리더십에 대한 비관적인 전망이 주류를 이룬 상황에서, 삼성은 2016년 8월 홍채 인식, 방수 기능, 펜 인식 기능 등에서 차원을 달리 하는 혁신을 이루어 낸 갤럭시 노트7을 출시했다. 출시 전부터 소비자들의 관심을 끌고 화제 몰이에 성공해, 출시 후 10여 일 만에 전 세계 10개 국가에 250만 대가 판매되는 고무적인 성과를 보여 주었다. 하드웨어의 혁신에 의한 경쟁이 아직도 스마트폰 시장의 게임룰로 작용할 수 있다는 것을 보여 주는 듯했다. 게다가 삼성은 갤럭시 S7 엣지의 판매 호조로 2016년 상반기 매출과 영업이익 모두 개선 추세를 보이고 있어서, 갤럭시 노트7에 대한 시장의 뜨거운 반응은 매우 고무적이었다.

그러나 출시 직후 아쉽게도 갤럭시 노트7의 발화 사고가 발생했다. 2016년 8월 19일 출시한 지 일주일도 채 지나지 않은 8월 24일 인터넷 커뮤니티에 1차 발화 사고 내용이 공개되었다. 그 뒤 국내외에서 10여 건의 유사한 사례가 발생했다. 그러자 9월 2일, 삼성전자

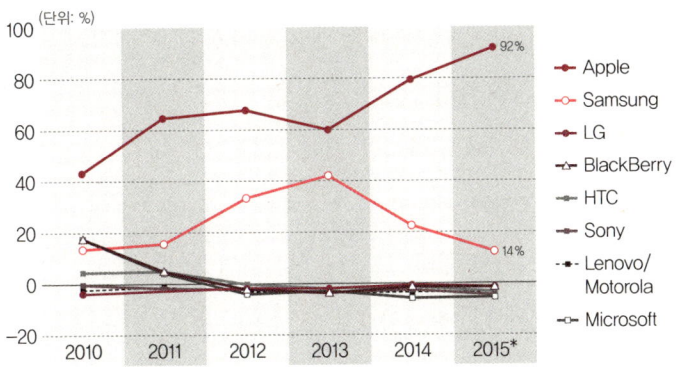

Apple Claims 92% of Global Smartphone Profits

는 신속하게 배터리 품질 문제를 발화의 원인으로 설명하면서, 기존에 판매된 250만 대 전량을 신제품으로 교환해 주기로 하는 리콜 조치를 공식 발표했다. 이 발표로 발화 문제는 수습의 가닥을 잡는 듯 했지만, 개선 제품마저 발화 사고가 연이어 발생했다. 마침내 삼성은 문제의 발생 원인도 규명하지 못한 상태에서 출시 50일 만에 단종을 선언했다. 삼성전자는 사상 초유의 위기 상황에 직면하게 된 것이다.

삼성이 위기를 맞자, 기다렸다는 듯이 많은 이들이 삼성의 속도경영의 문제점을 지적하고 비판하기 시작했다. 이 발화 사고는 애플의 신제품 출시 일정인 9월보다 앞서서 신제품을 내놓기 위해 삼성이 무리하게 개발 일정을 단축하다가 발생한 것이고, 군대식 상명하복에 의한 경직된 조직문화와 지나친 속도 추구의 부작용이라는 것이었다. 그러나 독자 생태계를 구축하고 충성도가 높은 탄탄한 고객층을 확보하고 있는 애플과 경쟁하기 위해, 년 2회에 걸쳐 신제품을 선보이는 삼성의 전략은 잘못된 것이 아니다. 소프트웨어가 취약하고 생태계로 대항할 수 없는 삼성으로서는 단기적으로는 하드웨어의 혁신에 목숨을 걸어야 한다. 신제품 개발과 마케팅에서 속도전을 펼치는 삼성의 전략은 오히려 삼성의 강점을 최대로 살려서 경쟁 우위를 가져갈 수 있는 최적의 전략이라 할 수 있다.

현실 여건을 고려하지 않고 위에서 개발 완료 일정을 못 박는 것이 문제라고 보는 시각도 있다. 그러나 혁신적인 방법은 일반적인 사고로는 찾아지지 않는다. 현실적으로 보기에는 불가능한 것 같은 목표를 달성해 내기 위해 배수진을 치고, 팽팽한 긴장감 속에서 치열하게 고민한 결과로 얻어지는 것이다. 실제로 불가능한 목표와, 불가능해 보이지만 전력투구하면 혁신적 방법을 찾아낼 수 있는 목표 사이의 경계 구분은 매우 애매하다. 달성할 수 있는 최대한의 도전적인 목표를 설정하는 것 또한 리더의 통찰력을 필요로 하는 분야로서, 리더가 목표를 설정하고 구성원들을 독려하고 지원해 목표를 달성해 가는 과정은 논리적으로 정의하기 힘든 경영 예술이라고도 할 수 있다.

삼성의 이번 문제는 속도경영 그 자체의 문제라기보다는, 가장 기본적인 점검이 제대로 되지 않은 것을 사전에 검출하지 못한 경영 프로세스 또는 구성원의 마인드셋Mindset 문제라고 보아야 한다. 속도전은 기본적으로 고객가치의 바탕 위에서 추구하는 것이고, 발화 사고와 같은 리스크는 제조 과정에서 반드시 검출되어야 하는 항목이었다. 아무리 조직문화가 경직되어 있고 구성원들이 지쳐있다 하더라도, 설계 및 품질관리 프로세스가 제대로 작동하지 않은 것이 본질적인 문제인 것이다.

손자가 졸속拙速을 얘기했지만, 국가의 명운을 좌지우지할 수 있는 것을 무시해도 된다는 얘기가 아니다. 마찬가지로 기업이 속도전을 펼칠 경우에도 철저하게 확인하고 점검해야 할 항목과 타협이 가능한 항목은 반드시 구분해야 한다. 타협이 불가능한 항목은 과정 관리를 해서 발생을 원천적으로 차단하고 모니터링 하도록 프로세스가 갖추어져야 한다.

또한 속도전은 혁신이 수반되어야 효과가 있다. 혁신이 없이 무작정 빠르게 하는 것에는 한계가 있고 부작용이 있기 마련이다. 이번의 사고 원인에 대해 초기에는, 삼성이 갤럭시 노트7의 폭을 줄이고 배터리 무게를 줄이면서도 용량을 키우기 위해 분리막을 얇게 만들면서 무리를 했기 때문이라고 보도했다. 하지만 개선 제품에서마저 발화 사고가 발생하자, 아직 공식적으로 원인이 규명되지는 않았지만 제품의 설계 자체에 문제가 있었다는 의견들이 제시되고 있다.

새로운 속도전 전략에 대한 요구

삼성은 왜 2000년 이후의 눈부신 성공을 지속하지 못하고 최근 수년간 어려움을 겪게 되었는가? 그 이유는 그간의 속도 경영은 단기적인 국면에서는 나무랄 데 없이 훌륭했으나, 중장기적으로 근본적인 경쟁력을 갖추기 위해 새롭게 필요한 역량을 어떻게 구축할 것인지에 대한 이해가 부족하고, 과거의 성공 체험의 한계에서 벗어나지 못한 채 종전의 성공 방법을 답습하고 있기 때문이다.

삼성은 그간 방향을 설정하면 실행력이 뛰어나고 이루어 내는 속도가 빨랐다. 1983년에 반도체 사업 진출을 결심한 이후 메모리칩에 집중하면서 10년 만에 세계 최초로 256K D램을 개발했다. 2014년에는 완전한 발상의 전환으로 3D V 낸드 플래시 메모리를 개발해 명실상부한 세계 1위의 입지를 확고히 했다. 브라운관 디스플레이가 평판 디스플레이 패널로 전환되는 시점에, 수조 원이 소요되는 LCD 패널 제조 설비 투자를 공격적으로 계속하면서 소니와 합작 등으로

LCD 패널 업계의 리더가 되었다. 또 휴대폰을 집중적으로 육성해 세계 1위를 달성했다. 내재화된 LCD 패널 제조 기반에 단시간 내에 획기적으로 업그레이드한 디자인 역량을 접목해 TV Global No.1이 되었다. 모두 방향 설정이 잘된 상태에서 삼성의 특기인 조직의 역량을 집중해 빠른 실행력으로 속도전을 수행한 것이 성공의 요인이었다. 또한 여러 차례 성공이 거듭된 후에는 인적, 물적으로 자원이 축적되어, 충분한 자원 투입 능력이 확보됨으로써 사업을 더욱 가속화할 수 있었다.

그러나 삼성은 업계의 리더로서 다양한 제품군을 취급하고, 고가 제품에서 저가 제품까지 모두 판매하며, 전 세계 모든 시장에 진출하고 있다. 결과적으로 전선이 길 수밖에 없어 민첩성을 확보하기 힘든 구조를 가지고 있다. 게다가 그간의 여러 차례에 걸친 성공 체험으로, 조직은 더욱 거대해지고 과거의 성공 DNA는 고착화되어 미래의 성공을 향한 길을 가로막고 있는지도 모른다.

최근의 ICT Information & Communication Technology 산업은 기술 발전 속도가 빠르고 융복합이 이루어지고 있다. 종전에는 하드웨어를 잘 만들어 판매하면 되는 경쟁의 장이었으나, 이제는 하드웨어, 소프트웨어가 서비스와 어우러져서 고객을 확보해야 하는, 새로운 게임룰이 요구되는 경쟁의 장으로 바뀌었다.

이제 과거와는 다른 관점에서 속도전을 전개할 때이다. 목표 방향을 잘 설정하고, 몽골 군대와 같은 민첩성을 가지기 위해서 병사 1인이 몇 마리의 말을 동시에 몰고 다닐지, 보급선을 가볍게 하기 위한 전투용 건조 식량은 어떻게 조달할지 등 조직과 시스템을 단순화하고 유연성을 높여야 할 때이다.

속도는 단순함에서 온다. 어떻게 의사 결정 구조와 실행 구조를 단순화하며, 거기에 걸 맞는 조직문화를 갖출 지가 과제일 것이다. 아울러 소니와 LCD 패널 제조 부문에서 합작 투자를 했듯이, 속도의 관점에서 경쟁업체들과의 협력과 경쟁을 어떻게 할 것인지 등을 고민해야 할 때이다.

이제부터 하드웨어의 혁신 역량에 삼성 페이, 인공지능, 홍채 인식과 같은 소프트웨어를 외부에서 소싱해 접목시키려 하고 있는 삼성과 자신만의 생태계를 구축한 애플의 게임을 관전하는 것은 점점 흥미를 더해 갈 것이다. 최근 삼성은 스타트업 삼성을 표방하며 '뉴 삼성'을 선포했는데, 미래의 기술과 사업을 잘 선정하고 삼성 특유의 실행력에 스타트업 기업의 단순함과 유연성을 가미해 급변하는 시장 환경에 기민하게 대처하겠다는 전략으로 볼 수 있다.

>>
린스타트업과 애자일
근본에 집중하는 속도전략으로 승부하다

자금, 인력 등의 경영 자원이 부족해서 새로운 아이디어를 가지고도 장기간 제품 개발을 할 수 있는 여건이 못 되는 벤처기업 등을 위해 제안된 속도전략으로 린스타트업Lean Startup 방식이 있다. 제품의 핵심 요구 사항을 반영한 프로토타입을 빨리 개발해 출시한 후, 고객으로부터 피드백을 받아 빠르게 개선하는 과정을 반복해 제품의 성공 확률을 높이는 전략이다.

린스타트업 방식처럼 제품의 근본적인 가치에 집중해, 기존의 소프트웨어 개발의 문제점을 해결하는 속도전략으로 애자일Agile 방식이 있다. 많은 자원과 시간이 소요되는 기존의 소프트웨어 개발 방식과 달리, 소프트웨어 코딩 자체에 집중하고 설계도와 같은 문서화 작업은 상대적으로 강조하지 않음으로써 성과를 신속하게 창출해 내는 전략이다.

린스타트업, 제품의 핵심 가치에 집중한다

린스타트업Lean Startup 방식은, 2011년에 에릭 리스Eric Ries, 1978~가 벤처기업을 위한 제품 개발 방법을 설명한 《린스타트업》이라는 책을 통해서 제시했다. 린Lean의 뜻은 기름기가 없는 마르거나 야윈 것을 의미하는 형용사이므로, 거품을 쫙 빼서 핵심에 집중한다는 의미로 통용된다.

린스타트업의 이론적 배경은 토요타의 린 생산Lean Manufacturing 방식이다. 토요타의 린 생산 방식의 기본 개념은, 생산하는 제품에 가치를 부여하는 행위와 그렇지 않은 행위를 구분하여 비가치적인 행위는 제거함으로써 제품의 핵심 가치에 집중하는 것이다. 일종의 불필요한 낭비 제거와 관련된 경영 활동이다.

에릭 리스는 린 생산 방식 개념을 벤처기업의 제품 생산에 적용했다. 제품의 핵심 요구 사항을 반영한 프로토타입을 개발해 우선 출시한 후, 고객으로부터 피드백을 받아 빠르게 개선하는 과정을 반복 실행하는 것이 제품의 성공 확률을 높이는 방법이라고 주장한 것이다.

벤처기업은 일반적으로 자금, 인력 등의 경영 자원이 부족해, 새로운 아이디어를 가지고도 장기간에 걸친 제품 개발을 할 수 없다는 것을 고려해 이러한 방식을 제안했던 것이다.

린스타트업 방식에서 제시된 MVPMinimum Viable Product : 최소 존속 가능 제품이라는 개념이 있다. 최소의 노력과 개발 기간으로 고객과 시장의 반응을 측정해 볼 수 있는 제품을 의미한다. 아무리 비용과 시간을 많이 들여도 어차피 고객의 반응을 사전에 조사하고 파악하는 데 한계가 있으므로, 처음부터 완벽한 제품을 만들려고 시간과 노력을 들이는 것보다 최소한의 제품을 만들어서 출시한 후, 고객의 반응을 보아 가면서 개선을 하는 것이 더욱 빠르고 효과적이라는 것이다.

실제로 현실에서 MVP의 기준을 설정하는 데는 많은 어려움이 따른다. 어떤 수준의 제품을 만드는 것이 존속 가능Viable할지는 제품의 특성, 고객의 특성, 시장 환경 등에 따라 상이하고, 결국 이러한 판단에는 고객에 대한 통찰력과 풍부한 경험이 요구되기 때문이다.

린스타트업의 사례로 자포스Zappos의 사례가 자주 언급된다. 자포스는 온라인 신발 유통점으로 1조 원 이상의 매출을 올리다가, 2009년 아마존에 1조 3천억 원 정도에 매각되었다.

1999년, 토니 시에Tony Hsieh와 닉 스윈먼Nick Swinmurn은 수많은 종류의 신발을 쌓아 놓고 판매하는 온라인 유통점을 만들 생각을 하고, 과연 만들면 사람들이 이용할지를 테스트해 보고 싶었다. 온라인 상점에 대한 수요를 알아보기 위한 그의 접근 방법은 어찌 보면 아주 단순했다. 시장조사를 하고 사업계획을 세우고 전략을 고민하는 대신, 근처 신발 매장에 가서 사진을 찍어 웹사이트에 올리고 고객들의 반응을 보는 것이었다. 주문이 들어오면 그는 그 매장에 가서 신발을 구매해서 고객에게 보내 주었다. 신발 재고를 보유하고 멋진 판매 사이트를 만드는 데 비용과 노력을 투자하는 대신에, 고객의 반응을 확인하고 반품을 처리하는 과정에서 고객이 원하는 것을 알아내서 적절한 비즈니스 모델을 고안하는 데 집중했다.

사실 린스타트업의 개념은 어떤 고객에게, 어떤 상품을, 어떻게 팔아서 수익을 창출할 수 있는 것인지 신속히 확인하는 방법에 관한 것으로, 최소의 비용으로 성공 가능성을 높이기 위한 목적으로 출발했다. 시장조사와 상품 설계, 전략 수립에 막대한 비용과 시간을 들이는 것이 아니라, 고객 반응을 탐지하고 반영하는 과정을 빠르게 반복하고, 이런 과정을 통해 비즈니스 모델을 찾아내서 경쟁자보다 빠르게 실행하는 전략은 근본적으로 속도경영과 맥을 같이 한다고 할 수 있겠다.

애자일 방식, 핵심 기능에 집중해 속도를 올린다

일반적으로 소프트웨어 개발에는 많은 자원과 시간이 필요한데, 최근에 도입된 애자일 방식을 사용하면 기존의 개발 방식보다 비용, 품질, 납기 측면에서 월등하면서 신속하고 유연한 소프트웨어 개발이 가능하다. 기존에는 소프트웨어를 개발하기 위해서 순차적이고 구조적인 방법론을 사용했다. 마치 건축물을 만들듯이 건축주의 요구 사항을 받아서 건물을 설계하고, 설계한 내용대로 시멘트를 부어 골격을 올린 후, 내장 공사를 하는 식의 순차적인 방식으로 소프트웨어를 개발했다.

그런데 소프트웨어 개발은 건물과 같은 하드웨어를 만드는 것과는 달리, 과정을 눈으로 확인하기가 어렵고 완료되어야만 최종적인 성공 여부를 알 수 있다. 이러한 소프트웨어 개발의 특징인 비가시성은 소프트웨어 개발 프로젝트 실패의 한 가지 원인으로 지목된다.

애자일 소프트웨어 개발 방식은 기존의 전통적인 소프트웨어 개발 방식의 문제점을 해결하고자 도입되었다. 소프트웨어의 개발 실패로 시간이 지연되거나 비용이 과다 투입되는 위험을 방지하는 데 목적이 있다.

애자일 방식은, 우선 소프트웨어를 한 달 이내에 개발이 가능한 여러 개의 작은 소프트웨어로 나눈다. 그 중 가장 핵심적인 기능을 하는 소프트웨어 개발을 먼저 시작해 설계, 코딩, 테스트를 반복해서 빠르게 수행한다. 개발된 핵심 프로그램에 문제가 없는 것이 검증되면 다음 기능을 갖는 소프트웨어를 개발하고, 이어서 또 다음 소프트웨어를 개발하는 과정을 반복한다.

기존 방식은 모든 소프트웨어가 개발되어야 비로소 성공 여부를 알 수 있었다. 소프트웨어 개발이 완료된 후에 요구 사항을 변경하면, 다시 대규모 프로젝트를 수행할 수밖에 없는 상황에 직면할 수도 있었다. 그러나 애자일 방식은 작은 핵심 기능이 제대로 성공하면 다음 기능을 개발하는 식으로 반복함으로써, 전체 일정 중간에도 성공과 실패를 미리 알 수 있다. 뿐만 아니라 개발 완료 후 요구 사항 변경에 대해서도 유연하게 대응할 수 있다.

린스타트업 방식, 린 생산 방식이 제품의 근본적인 가치에 집중하는 것처럼, 애자일 방식도 소프트웨어 코딩 자체에 집중하고 설계도와 같은 문서화 작업은 상대적으로 강조하지 않음으로써 성과를 신속하게 창출해 내는 것이다.

기존에 개발한 소프트웨어에서 잘 사용되는 부분과 잘 사용되지 않는 부분을 분석해 보면 파레토의 법칙을 따른다고 한다. 즉 개발한 소프트웨어의 20% 정도만 제대로 사용하고, 나머지는 80%는 애써 개발했지만 제대로 사용하지 않는 무의미한 소프트웨어라고 한다.

애자일 개발 방식은 초기부터 고객의 요구 사항을 검증해 가면서 불필요한 소프트웨어 개발을 억제한다. 그래서 80%의 쓰지 않는 소프트웨어 개발 비용의 낭비를 제거하고, 타이밍에 맞춘 신속한 소프트웨어 출시를 가능하게 한다.

개발 단계	애자일 방식	기존 개발 방식
프로젝트 관리	환경 변화에 따른 신속하고 잦은 계획 변경	상세한 계획 수립과 확정
요구 사항 분석	요구 사항의 변경 수용	확정된 요구 사항의 엄격한 변경 금지
설계	설계보다 코딩 강조	상세한 문서 설계
테스트 및 배포	코딩하면서 테스트 자동화를 통한 상시 배포	개발 완료 후 테스트 배포의 엄격한 통제

애자일 방법과 기존 방법의 차이점 비교

마이크로소프트사가 인터넷 익스플로러를 개발할 때 애자일 개발 방식을 사용했다. 당시의 선두 브라우저는 90% 이상의 시장점유율을 확보한 넷스케이프였다. 마이크로소프트사는 일반 사용자의 요구 사항이 제대로 반영된 소프트웨어를 빨리 개발할 필요가 있었으므로 애자일 방식을 적용해 3개월 만에 첫 시제품을 내놓았다. 그 후 여러 번에 걸친 일반 고객의 베타 테스트를 통해 제품을 보완했고, 1년 이내에 과거의 소프트웨어 품질과는 질적으로 다른 아주 좋은 소프트웨어 제품을 고객에게 제공할 수 있었다. 그 결과 익스플로러는 빠르게 시장점유율을 높이면서 넷스케이프를 시장에서 몰아냈다.

타이밍의 실패, 신기술 다이얼패드와 뉴턴 PDA

새롬기술은 카이스트 출신들이 만든 통신 분야 신기술을 보유한 벤처기업이었다. 팩스맨, 데이터맨과 같은 솔루션을 발표했는데, 데이터맨은 당시의 경쟁 소프트웨어였던 '이야기'를 제치고 시장점유율 1위를 차지하기도 했다. 당시 무늬만 벤처인 기업들과 달리, 내놓는 제품마다 대부분 성공하는 등 시장에서 좋은 성과를 보여 주었다.

새롬기술은 1990년대 말 최초의 인터넷 기반 무료 전화 서비스를 다이얼패드라는 브랜드로 미국에서부터 시작했다. 다이얼패드에 인터넷 배너 광고를 유치하고 사용자가 무료로 국제전화를 걸 수 있게 하면서, 때마침 불어 닥친 닷컴Dot.Com 열풍을 타고 한국과 미국을 열광의 도가니로 빠져들게 했다.

다이얼패드의 출시로 새롬기술의 주가는 액면가의 640배까지 뛰어, 시가총액이 4조 원에 이르는 회사가 되었다. 그러나 다이얼패드 사업은 광고 매출이 제대로 나오지 않아서 사업 수익성은 매우 좋지 않았다. 결국 자금 부족에 시달리다가 몇 년 후 닷컴 거품이 사라지면서, 추가적인 투자 유치에 실패해 다이얼패드 사업도 종말을 고했다.

새롬기술은 수익성이 취약한 줄 알면서 많은 사용자들에게 다이얼패드를 사용할 수 있도록 무료로 제품을 공개했다. 한번 시장에서 안착되면 그 후에는 많은 새로운 비즈니스 모델을 개발할 수 있기 때문이었다. 그러나 상황은 만만치 않았다. 국제전화를 위해 기존의 통신회사 전화망을 이용했는데, 그 비용이 너무 비쌌고, 광고 유치를 위해서 꼭 필요한 가입자도 생각만큼 늘지 않았다.

　가입자가 오늘날의 카카오톡처럼 기하급수적으로 늘지 않은 이유는 여러 가지가 있었지만, 기술적인 문제가 가장 컸다. 통화 품질이 가장 큰 문제였는데, 착신이 안 되는 경우나 통화 중간에 전화가 끊기는 경우도 많이 발생했다. 또한 다이얼패드에서 전화를 걸 수는 있지만 다이얼패드로 전화를 받을 수는 없는 것도 문제였다. 사업 추진에 대한 조급함으로 인해 최소한의 기능도 만족시키지 못했던 것이다. 린스타트업에서 얘기하는 MVP Minimum Viable Product : 존속 가능 제품가 되지 못했던 것이다. 초기의 기술적인 문제들이 해결될 때까지 사용자들은 차분히 기다려 주지 않았다. 비용 부담을 줄이기 위해 유료화를 시작하면서 기존 가입자들도 서서히 줄기 시작했고, 결국 대중화된 서비스로 성장하지 못했다.

　비슷한 사례로 애플이 개발했던 뉴턴메시지 패드의 실패가 있다. 애플은 1993년 세계 최초의 PDA Personal Digital Assistant라고 불리는 뉴턴메시지 패드를 개발했다. 뉴턴메시지 패드는 현재의 스마트폰 기능과 비슷한 휴대용 단말기였다. 제품 개발은, 스티브 잡스를 애플에서 쫓아냈던 당시 애플의 CEO 존 스컬리 John Scully가 주도했다. 주소록 관리, 메모, 스케줄 관리 등의 기능이 담겨 있었고, 하드웨어로는 흑백의 액정 스크린과 터치펜이 있어서 직접 글씨를 쓰거나 그림을 그릴 수 있는 제품이었다.

　그러나 제품의 완성도는 미흡해서 필기 인식률이 낮았고, 가격도 9백 달러 수준이었다. 지금의 아이패드보다 높은 수준의 가격으로, 사업적으로 큰 성공을 거두지 못한 채 기술적 완성도를 높이는 데 주력했다.

1997년 스티브 잡스는 애플에 복귀하자 대대적인 사업구조 조정을 했다. 뉴턴메시지 패드는 애플 특유의 참신함이 반영된 제품이긴 했지만 매출이나 성능 면에서 문제가 많았기 때문에, 1998년에 바로 단종시켜 버렸다.

뉴턴 PDA를 개발했던 개발자들은 나중에 아이패드 개발팀이 되어서 새로운 제품을 개발하는 밑거름이 되기도 했다. 그런데 이 혁신적인 뉴턴메시지 패드가 실패하게 된 원인은 무엇인가?

CEO였던 존 스컬리는 데모 제품으로 사용자에게 신제품과 기술을 소개했는데, 뉴턴 개발팀은 기술력과 시간이 너무 부족해 제품 발표일까지 사용자의 기대치를 만족하는 제품을 내놓을 수 없었다. 또한 무엇보다도 타이밍이 맞지 않아 일반 사용자는 뉴턴과 같은 신제품을 받아들일 준비가 전혀 되어 있지 않았다.

이상과 같이 몇 가지 실패 사례를 보면, 획기적인 제품이지만 타이밍이 맞지 않거나 시장이 요구하는 최소한의 기능을 만족시키지 못해 시장에서 받아들여지지 않는 경우가 있다는 것을 알 수 있다.

>>
속도전략
방향, 타이밍, 자원 집중이 핵심이다

물리학에서 속도는 방향을 가진 벡터이며, 가속도와 힘은 비례한다. 이것을 F=ma F는 힘의 크기, m은 물체의 질량, a는 가속도로 표기한다. 힘은 질량과 속도에 비례한다. 물리학에서의 속도에 대한 방정식과 마찬가지로 경영의 세계에서도 방향과 힘이 중요하다. 아울러 속도를 올리는 타이밍도 중요하다.

많은 기업들이 속도경영을 추구했음에도 방향과 타이밍을 놓치거나 필요한 자원을 확보하지 못해 실패를 맛보는 경우가 많다. 여기서는 자신만의 창의적인 전략과 타이밍에 맞는 속도경영으로 성장한 소프트뱅크와 델컴퓨터 등의 속도전략을 살펴보고, 이들 기업들을 통해서 확인되는 속도경영의 성공 조건에 대해 살펴본다.

손정의, 큰 전략 방향에 맞춰 담대하게

소프트뱅크는 일본 재계 12위로, 일본의 대표적인 ICT Information & Communication Technology 기업 중의 하나이다. 최근에는 스마트폰의 두뇌인 AP Application Processor 설계 기업인 ARM을 35조 원을 들여 인수한다는 뉴스가 발표되어 세간의 이목을 집중케 한 바 있다.

《손자병법》에 심취했던 소프트뱅크의 회장 손정의는 "지는 싸움은 하지 않는다. 이길 싸움에서 이기는 거다. 전투는 도박이 아니다. 과학이며 이론이다", "싸우지 않고 이긴다", "인수합병M&A이 바로 그렇다"라고 주장했다. 손정의에게 있어서 M&A는 전략적 요충지를 선점해 기업이 성장하기 위한 방법이었다. 질풍노도와도 같은 그의 M&A 자취를 더듬어 보기로 하자.

1981년 미국 유학에서 돌아온 손정의는 직원 2명을 데리고 컴퓨터 소프트웨어 유통을 주로 하는 소프트뱅크를 설립했다. 마이크로소프트로부터 독점판매권을 따내면서부터 매출이 급성장하게 된 소프트뱅크는, 1994년 주식을 공개해 2,000억 엔이라는 거금을 확보했고 이때부터 M&A 질주가 시작되었다. 1995년 매출 600억 엔 수준의 회사가 1년 6개월 만에 3,100억 엔 규모의 국제적인 M&A를 성공시켰다. 세계적인 컴퓨터 전시회인 컴덱스와 IT 전문잡지 'PC Week'를 발행하던 지프 데이비스 그룹의 출판 부문을 인수했던 것이다. 당시 손정의는 컴덱스는 8억 달러, 지프 데이비스 출판 부문은 21억 달러를 인수가로 제의받고 즉석에서 수락해, 단판에 협상이 이루어졌다고 한다.

이렇게 해서 세계 최대 IT 전시 출판 그룹의 수장이 된 손정의는 다음 목표로 야후를 지목했다. 당시 야후는 연매출 100만 달러에 적자가 200만 달러인 초창기 인터넷 기업이었다. 손정의는 무려 1억 달러가 넘는 자금을 과감하게 투입해 야후 지분 34%를 확보하고, 합작으로 야후재팬을 설립했다. 불과 몇 년 뒤 야후는 세계적인 인터넷 기업으로 부상하고, 기업 가치는 기하급수적으로 증가했다. 그 결과 소프트뱅크가 보유한 야후의 주식 가치도 360배나 증가해, 후일 대규모 신규 사업을 펼치기 위한 디딤돌이 마련되었다.

한편 손정의는 세계적인 미디어 재벌인 루퍼트 머독에게 위성방송 사업에 대한 합작을 제안해 열흘 만에 J스카이B를 설립했다. 그 외에도 시스코 등과의 합작 사업을 통해 유통, 전시, 미디어, 인터넷에 이르는 디지털산업의 인프라를 확보했다.

2001년 손정의는 중대한 결심을 한다. 당시 일본 시장은 NTTNippon Telegraph and Telephone Corporation 일본전신전화주식회사가 ISDNIntegrated Services Digital Network 종합정보통신망 방식으로 인터넷 서비스를 하고 있었는데, 전송속도가 너무 느리고 요금도 비싸서 불편했다. 이에 한국에서 이미 크게 성공한 ADSLAsymmetric Digital Subscriber Line 비대칭 가입자 회선 방식으로 초고속 인터넷 사업에 도전하기로 한 것이다. 이는 소프트뱅크에게는 대단한 도전이었다. ADSL 방식은 기존 전송속도보다 5배 빠른 방식이었지만, 일본 전역에 네트워크 장비를 깔아서 서비스해야 할 뿐만 아니라 통신업계의 거인인 NTT와 정면으로 맞서야 했기 때문이다.

손정의는 "NTT의 IDSN보다 5배 빠른 초고속 인터넷을 NTT 요금의 8분의 1인 월 990엔에 서비스하겠습니다. 초기 설치비는 무료이고, 프로모션 기간에는 가정용 모뎀을 무료로 드리겠습니다."라는 파격적인 제안과 함께 서비스를 시작했다. 사업 리스크가 너무 크다고 판단해 시장의 반응은 부정적이었고, 소프트뱅크 주가는 크게 폭락했다. 하지만 굴하지 않고 꿋꿋하게 공세를 퍼부어, 마침내 11개월 만에 가입자가 100만 명을 넘어섰다. 2005년에는 500만 명 선을 넘어서면서 출범 4년 만에 흑자로 전환했다.

초고속 인터넷 사업에서 성공한 후, 2006년에는 이동통신 사업에 진출하기 위해 보다폰재팬을 인수했다. 그리고 일본 정부가 처음 실시하는 번호 이동제에 맞추어, 오전 1시부터 저녁 9시까지 가입자간 통화는 모두 무료화이트 플랜로 제공하는 강력한 프로모션을 실시해, 1년 만에 가입자 수가 400만 명 가까이 늘어났다. 그 후 애플이 아이팟 내장 휴대전화기를 준비하고 있다는 정보를 접하고 스티브 잡스를 만나 아이폰 독점판매 계약을 체결했다. 그 결과 2008년, 일본 시장에 아이폰 판매를 시작하면서 보다폰 가입자 수도 급증하고, 아이폰 이용자의 데이터 사용료 증가 등으로 순이익이 전년 대비 70%가 증가하는 눈부신 성공을 거두었다.

손정의는 M&A에 대한 자신만의 철학이 있었다. 그는 시장을 60% 이상 점유할 가능성이 없는 회사, 이미 너무 많은 투자자가 관심을 보이는 회사, 현금 흐름이 위태로운 회사는 인수합병에 부적절하다고 여겼다. 또한 "흔히 기업을 인수할 때 소유 지분을 51%로 하니 마니 하는 얘기들을 하는데 나는 잘 모르겠다.", "지배권에 집착하는 건 일방적인 이기적 판단이며 상하 관계를 고집하는 것이다."라면서 소유 지분이 50% 이하라도 파트너십으로 맺어진 조직이라면 문제없다는 의견을 피력했다.

한편 투자의 귀재인 손정의는 벤처 투자에도 성공적이었다. 알리바바가 무명이던 2000년에 마윈의 사업제안을 듣고 2천만 달러를 투자했고, 지분을 34%까지 늘렸다. 관련 업계에서는 투자 수익이 2,000배는 될 것이라고 추정한다. 뿐만 아니라 불과 얼마 전까지 'Clash of Clan'으로 유명한, 기업 가치 11조 원 수준의 핀란드 게임업체 수퍼셀의 지분도 72% 보유하고 있었고, 한국의 이커머스 e-commerce업체인 쿠팡에도 1조 원을 투자했다.

손정의는 2013년에 미국의 3위 통신회사인 스프린트 지분 70%를 25조 원에 인수해 스프린트의 회장이 되었다. 일본의 통신 시장은 성장이 정체되어 있는 반면 미국 시장은 아직 성장 여력이 있다고 본 것이다. 그래서 전송속도도 느리고 제반 여건이 후진적인 미국 시장에, 일본의 보다폰재팬을 성공시킨 경험을 접목하면 충분히 승산이 있다고 판단했다. 그러나 예상과는 달리 스프린트가 소프트뱅크의 발목을 잡았다. 가입자 수는 Verizon, AT&T, T-Mobile에 이어 4위로 떨어졌고, 매년 수조 원에 달하는 적자에 시달렸다. 2014년에 시도했던 T-mobile과의 합병은 미국 정부의 반대로 무산되었다. 손정의는 인터뷰에서 미국의 규제 환경을 이해하지 못한 것이 최대의 실수라고 밝혔다. 스프린트 인수 등으로 소프트뱅크의 부채는 2013년 22조 원에서 2016년 4월 130조 원 수준으로 크게 불어났다. 회생시키기 위해 전념하고 있으나 아직 성과를 보여 주지 못하고 있다.

그런데 최근 들어 소프트뱅크는 핀란드의 게임업체 수퍼셀의 지분을 전량 매각하고, 애지중지하던 알리바바의 지분까지도 4% 처분해 자금을 확보했다. 그리고 이번에도 승부사적인 기질을 발휘해, 천문학적인 금액인 35조 원을 들여 영국의 모바일 칩 설계회사 ARM을 인수하는 초강수를 던졌다. ARM은 스마트폰의 두뇌에 해당하는 AP_{Application Processor} 시장의 95%, 디지털 카메라 시장의 80% 점유율을 차지하고 있고, 모바일 디바이스에 절대적인 강점을 가지고 있는 기업이다. 향후 IoT_{Internet of Things, 사물인터넷}와 인공지능 시장을 노리고 투자했다는 것이 업계의 추측이다.

미국의 스프린트 인수로 어려움을 겪고 있긴 하지만, 손정의는 확실히 속도를 경쟁 우위로 사업을 전개해 왔다. 특히 큰 전략 아래 담대하고 신속한 M&A와 벤처 투자를 통해 소프트뱅크를 성장시켰다. 지칠 줄 모르고 계속 질주하는 투자가 성공할 수 있었던 이유는 무엇일까? 손정의 자신의 말대로 미래를 바라보고 전체를 조망해 전략을 세우고, 공격과 수비의 균형을 맞추면서 자원을 한 곳으로 집중할 수 있도록 바른 방향으로 내달렸기 때문에 가능했던 것으로 보인다.

델컴퓨터, 환경 변화 대응 속도에서 희비가 엇갈리다

마이클 델Michael Dell은 1984년에 고객이 요구하는 사양의 PC를 즉시 조립해 중간 판매점의 개입 없이 고객에게 직접 배송해 주는 비즈니스 모델을 만들고 델컴퓨터를 설립했다. 중간 판매점의 유통 마진을 제거함으로써 판매가를 낮추는 전략이었다. 이와 함께 업계 최초로 PC의 소프트웨어 업그레이드를 컴퓨써브Compuserve의 델 사이트에서 다운로드 받을 수 있도록 함으로써 고객의 불편을 획기적으로 개선하고, 유지보수 비용을 절감했다. 인터넷이 발달하지 않았던 당시에는 판매한 PC의 소프트웨어를 업그레이드할 필요가 있을 때는, 소프트웨어 디스켓을 고객에게 우편으로 배송해 직접 업그레이드하도록 했다. 그런데 이는 고객, 제조업체, 판매점 모두에게 매우 귀찮고 어려운 일이었다.

이후 인터넷 사용이 보편화되자 델컴퓨터는 오프라인 판매 방식을 '인터넷에서 주문하고 결제하는 온라인 판매 방식'으로 비즈니스 모델을 혁신했다. 인터넷을 통한 온라인 직접 판매 방식은 여러 면에서 경쟁 우위를 가질 수 있었다. 무엇보다도 판매점의 중간 유통 마진을 없애고 운영비용을 절감함으로써, 경쟁사보다 10% 이상 싸게 팔 수 있는 가격경쟁력을 확보했다.

또한 고객이 직접 컴퓨터의 사양을 결정하고 컴퓨터 구성을 시뮬레이션할 수 있도록, 온라인 오더 시스템을 구축해 제공함으로써 고객들의 다양한 기호를 충족시켰다. 그리고 인터넷을 통한 쌍방향의 커뮤니케이션을 통해 고객별로 개인화된 1:1 마케팅을 할 수 있었다. 고객은 주문에서부터 PC가 배송될 때까지의 과정을 인터넷으로 직접 확인할 수 있었기 때문에 고객만족도가 향상됨은 물론, 콜센터에 걸려오는 전화 문의에 대한 대응 업무도 크게 경감할 수 있었다.

공급망 관리 시스템Supply Chain Management에서도 혁신이 있었다. 고객의 주문을 받은 뒤 부품업체로부터 부품을 받아 조립하는 방식을 택해 재고를 최소화했다. 그리고 고객의 주문에서부터 조립해 배송할 때까지의 모든 과정을 자동화하고, 부품 입고 및 부품업체와의 재고 관리도 자동화해서 관리 비용을 최적화했다.

한편 당시 업계 리더였던 HP나 IBM과 같은 대형 PC 제조사들은 오프라인 유통으로 제품을 판매하고 있었다. 회사가 직접 인터넷 온라인 판매를 하면, 판매점의 매출 감소에 대한 반발 가능성이 커서 온라인 판매를 적극 추진할 수 없었다.

초기 PC 시장에서 IBM 호환 컴퓨터를 개발해 큰 성공을 거두었던 컴팩Compaq은, 델컴퓨터가 PC를 오프라인 판매에서 인터넷 온라인 판매로 바꾸자, 그 대응책으로 회사가 직접 인터넷 온라인 판매를 새로 시작하면서 기존의 판매점을 통한 주문도 가능하도록 했다. 그러나 이 전략은 기존 컴팩 판매점의 반발을 크게 샀다. 결국 회사의 인터넷 온라인 판매는 철회되고, 판매점을 통한 인터넷 온라인 주문으로 변경되었다. 하지만 이는 성공할 수 없었다. 결국 컴팩은 지속적인 매출 하락으로 HP에 합병되고 말았다.

델컴퓨터는 인터넷 직접 판매 방식으로 세계 일등의 컴퓨터 제조

회사가 되었다. 하지만 2000년대 중반부터 스마트폰, 태블릿 등 새로운 정보 기기가 출시되면서, PC는 저성장 국면에 진입했다. 설상가상으로 중국, 대만 등 새로운 후발 주자들의 거센 저가 공세로, 델컴퓨터의 PC 사업은 정체되기 시작했다.

델컴퓨터의 성공과 실패 요인은 모두 환경 변화에 대한 대응에 달려 있었다. 첫 번째 환경 변화였던 인터넷혁명이 시작될 때는 주도적으로 상대보다 빠르게 움직여서 경쟁 조건을 유리하게 만들었다. 하지만 두 번째 환경 변화인 초고속 무선통신, 즉 스마트폰 시대에는 빠르게 움직이지 못하면서 사업이 정체에 빠졌다. 현재 델컴퓨터는 사업 변화를 위해 스토리지업계 1위인 EMC를 인수해 클라우드, 빅데이터의 환경 변화에 맞도록 기업을 재정비하고 있다.

유사한 사례로 미국의 썬 마이크로시스템즈Sun Microsystems의 사례가 있다. 이 회사는 1982년에 설립되었고, 슬로건이 '네트워크가 컴퓨터다The network is the computer'였는데, 인터넷 시대가 도래하자 IT업계 최강자 중의 하나가 되었다.

그들은 주요 컴퓨터업체인 IBM, HP, DEC 등과는 다르게 워크스테이션 서버 위주로 사업을 전개했다. 워크스테이션은 대형 컴퓨터인 메인프레임과 개인용 컴퓨터인 PC 사이의 중간 정도에 해당하는 제품이다. 이 제품은 네트워킹 기능을 보유하고, 당시의 PC보다 훨씬 고기능의 사양을 갖추고 있어서, 공학 설계, 통계 처리, 컴퓨터 그래픽 등 많은 양의 데이터를 신속하게 처리할 수 있는 전문가용 개인 컴퓨터였다. 미니 컴퓨터에 비해 가격은 낮고 성능은 좋으며, 유닉스

Unix가 탑재되어 사용이 편리했다. 그래서 대학, 연구소, 엔지니어들에게 큰 환영을 받았다. 썬의 워크스테이션의 보급으로 엔지니어들은 그동안 충분히 사용할 수 없었던 고성능의 컴퓨터를 마음껏 사용할 수 있게 되었다. 당시에는 연구소에서도 CAD와 같은 그래픽을 사용한 연구 활동을 제대로 할 만큼 컴퓨터가 많이 보급되지 않았던 것이다.

썬의 등장은 대형 메인프레임급 컴퓨터에서 유닉스라는 OSOperating System, 운영체제 소프트웨어를 적극적으로 사용하는 계기가 되었다. 썬은 IBM, HP 등 각 컴퓨터 회사가 독자 개발한 전용 OS에서 오픈 소스 소프트웨어인 유닉스로 바뀌고 있는 변화를 잘 감지해, 전 세계 서버 시장에서 선두를 차지할 수 있었다.

썬은 인터넷 보급에 힘입어 2000년대 초반까지 폭발적인 성장을 했다. 그러나 닷컴 버블이 꺼지면서 썬의 워크스테이션과 서버 제품들은 시장에서 밀려나기 시작했다. PC의 기술 발전으로, PC에서 쓰이던 CPU들을 서버 제품에 사용하기 시작하면서, 썬의 하드웨어 제품들은 성능과 가격에서 인텔의 x86 계열의 제품에 비해 열세에 놓였다. 또한 경쟁사들이 유닉스Unix를 대체하는 무료 소프트웨어인 리눅스Linux 기반의 제품들을 출시하면서, 썬의 제품은 가격 경쟁력을 잃었다.

인터넷이 활성화되었을 때, 이미 유닉스와 같은 시스템 소프트웨어 시장은 오픈소스 소프트웨어가 대세가 되어 가고 있었다. 조그만 벤처 기업들은 사용료가 거의 안 드는 오픈소스 소프트웨어를 선호

했기 때문이다. 이런 시장의 변화에 대응하고자 썬은 자신의 소프트웨어 일부를 오픈소스로 시장에 내놓았지만, 변화를 이끌어 내는 데는 실패했다.

썬은 향후 PC가 사라지고 네트워크 컴퓨터 시대가 도래할 것이라고 보았다. 개인 사용자는 네트워크를 통해 필요한 정보를 가져다 쓰면 되지, 구태여 비싸고 이동성도 부족한 PC에 마이크로소프트사의 상용 소프트웨어와 데이터를 넣어 사용할 필요가 없다고 생각했다. 그런 관점에서 네트워크 PC를 개발해 판매했으나, 당시의 환경은 네트워크 PC를 사용하기에는 시기상조였다. 네트워크 속도가 너무 느렸고, 무선통신도 제대로 지원이 안 되었기 때문이다.

썬한테는 너무 아쉬운 일이지만, 최근 인터넷, 무선통신, 휴대폰, 태블릿 등과 결합해, 네트워크 PC와 유사한 개념인 클라우드 컴퓨터가 꽃을 피우기 시작했다. 썬이 네트워크 PC의 출시 타이밍을 제대로 포착하지 못한 것이다.

썬은 핵심 경쟁 시장에서는 시장의 변화에 빠르게 대응하지 못했고, 미래의 새로운 시장에서는 시장의 현실적 제약을 고려하지 않고 너무 빨리 진입해 실패했다. 썬은 결국 오라클에 인수되는 운명을 맞았다. 경쟁 환경은 항상 동적으로 움직인다. 내가 움직이면 상대가 반응하고, 그 반응에 따라 경쟁의 양상도 달라진다. 모든 일에는 적절한 타이밍이 있다. 타이밍을 놓치면 썬의 경우처럼 회복 불가능한 상황이 되거나, 아니면 이전에 비해 수십 배의 자원을 투입해야만 회복할 수 있다.

썬은 무대에서는 사라졌지만, 현재 전 세계의 소프트웨어 개발자들이 사용하는 개발 언어인 자바Java를 만들어 인터넷과 IT 발전에 크게 공헌하는 족적을 남겼다.

속도경영의 성공 조건

속도경영은 구체적으로 어떤 조건이 갖추어져야 성공할 수 있는가? 여러 기업의 성공과 실패 사례를 토대로 정리하면 다음과 같다.

첫째, 방향과 목표를 올바르게 설정해야 한다. 방향이 잘못되면 속력을 아무리 높여 봐야 엉뚱한 지점에 도착한다. 이는 기업 경영에서 보면 비즈니스 포트폴리오 전략을 포함한 사업전략이라고 할 수 있을 것이다. 어떤 사업을 중점적으로 추진할 것인지, 여러 사업군간 자원 배분을 어떻게 할 것인지, 미래의 먹거리 사업은 무엇으로 준비할 것인지 등이다. 또 같은 사업군 내에서 보면, 신제품 개발 방향이나 제품 포트폴리오 전략, 전략 고객 발굴 및 육성과 같은 고객 전략 등이 해당된다고 할 수 있을 것이다.

둘째, 타이밍 포착 능력이다. 타이밍을 잘 포착해서 필요할 때 속도를 높일 줄 알아야 한다. 속도를 높일 수 있는 역량을 가지고 있어도 너무 일찍 속도를 높이면 파괴력은 없고 힘만 빠진다. 반면에 너무 늦게 속도를 올리면 경쟁자들이 이미 유리한 고지를 선점하고 있어서 기대하는 효과를 보기 어렵다. 노키아가 애플보다 몇 년 앞서

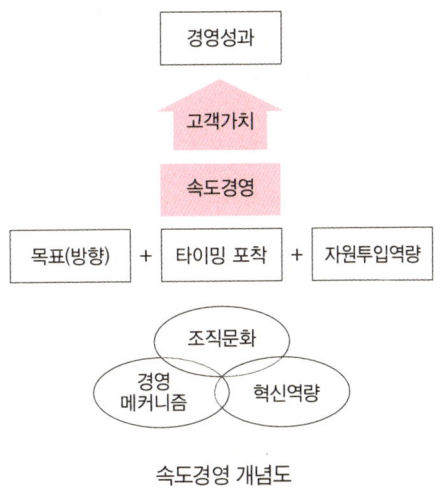

속도경영 개념도

스마트폰과 태블릿을 개발해 놓고도 시장에 대한 오판으로 애플에 선수를 빼앗긴 것이 좋은 사례일 것이다. 당시의 노키아는 휴대폰 시장에서 압도적인 1위 브랜드로서 속도전에 대한 역량과 자원을 충분히 가지고 있었으나, 적절한 타이밍을 찾아내지 못했다.

셋째, 자원 투입 능력이다. 이는 상대성이론인 $E=mc^2$에서 질량에 해당하는 것으로, 속도를 높여도 어느 수준 이상으로 임계치를 돌파해야 임팩트가 생기고 기대하는 효과를 얻을 수 있다. 여기서 질량은 전쟁에서는 국가가 지속적으로 자원을 동원해 전쟁을 수행할 수 있는 능력이고, 기업에서는 전략을 실행하기 위한 제반 자원Resource을 투입할 수 있는 능력이라 할 수 있다. 자원 투입을 적절히 하지 못하면 속도전은 초반에 반짝하다가 경쟁자의 반격에 힘을 잃어버리고 만다.

기업이 이러한 조건을 갖추도록 하는 일과 그 충족 여부를 판단하는 것은 온전히 경영자의 몫이다. 아울러 속도경영을 하기 위해서는, 환경 변화로 목표 수정이 필요할 경우 기민하게 방향을 전환하는 민첩함도 요구된다. 실행이 담보되지 않은 신속한 의사 결정은 의미가 없고, 옳은 방향이 전제되지 않은 부지런함은 최악의 결과를 가져올 뿐이다. 이와 같은 이해를 바탕으로 속도전을 전개한다면 경쟁에서 승리할 수 있을 것이다.

그러면 그런 조건을 갖추지 못했을 때는 어떻게 해야 하는가? 그것은 기다리면서 역량을 축적하다가 상대의 틈을 보아 역습을 해야 한다. 이것이 바로 지구전인데 모택동이 항일전쟁에서 취한 전략이고, 러시아가 나폴레옹과 독일군에 대응한 전략이다

경쟁은 상대적인 것이다. 내가 속도 우위를 가지고 있을 때는 속도전을 펴서 유리한 고지를 선점하고, 상대가 우위를 가지고 있을 때는 최대한 맞대결을 피하고 기다리다가 상대가 허점을 보일 때 신속히 속도전을 전개해야 한다. 속도전과 지구전은 서로 배타적인 개념이 아니다. 근본적으로는 같은 원리이다. 내가 주도적으로 공격해야 할 때인지 아닌지를 판단해야 한다. 지구전이라 하더라도 국지적으로는 속도전을 병행하며, 일단 주도적으로 공격을 시작하게 되면 힘을 집중하고 속도를 높여서 승부를 내는 것이다.

카니발라이제이션과 속도경영

반도체의 역사라고 할 수 있는 인텔은 마이크로프로세서컴퓨터의 중앙처리장치로 두뇌에 해당 분야에서 독보적인 리더 기업이다. 인텔이 만든 '8088' 마이크로프로세서가 IBM PC에 채택되면서 PCpersonal computer 시대가 활짝 열렸다. 인텔은 그 후 최초의 32비트 칩인 '인텔 386'부터 시작해 '펜티엄'에 이르기까지, 반도체의 혁신을 통해 IT혁명, 디지털혁명의 역사를 썼다.

인텔은 2위 경쟁사와 큰 격차가 있는 월등한 1위 기업이었지만 매년 새로운 마이크로프로세서를 출시해 시장에서 절대적 우위를 유지했다. 그들은 2년 단위로 Tick-Tock 전략을 전개했다. Tick 해에는 마이크로프로세서의 제조공정을 새롭게 혁신한 제품을 선보이고, Tock 해에는 아키텍처를 새롭게 한 제품을 내놓는 방식으로, 매년 새로운 제품을 출시해 경쟁사들이 따라올 수 없도록 속도전을 펼쳤다. 굳이 새로운 제품을 출시하지 않아도 경쟁사와 격차를 가져갈 수 있었지만, 이렇게 의도적으로 시장을 변화시켜 자신의 경쟁 우위를 장기적으로 고착시키려는 목적이 있었기 때문이다.

최근에는 새로운 제조공정의 기술 개발에 소요되는 기간이 길어져, 인텔은 기존의 Tick-Tock 전략을 수정해 3년 주기로 새로운 전략을 발표했다. 이는 제조공정의 기술 개발 속도가 느려져, 이제는 더 이상 2년 단위 전략을 유지할 수 없다는 의미이다. 아직까지는 인텔이 경쟁사 대비 기술 우위를 가지고 있다. 하지만 예전에 비해 속도전 역량이 저하되었다고 볼 수 있으므로 속도경영의 관점에서 보면 인텔에 붉은 신호가 켜진 것이다.

면도기 시장의 세계 1위 기업인 질레트의 신제품 개발 전략도 매우 유명하다. 신제품 개발에는 시간과 자금이 많이 들어갈 뿐만 아니라, 신모델이 출시되면 이미 판매 중인 자사의 기존 모델과 충돌해 판매가 축소될 위험이 있다. 그럼에도 불구하고 질레트는 새로운 제품을 계속해서 개발해 선보였다.

자사 제품 간에 판매 충돌이 생기는 현상을 카니발라이제이션 cannibalization이라고 한다. 어원은 동족 살인으로 자기 종족을 잡아먹는 것을 가리키는데, 마케팅에서는 새로운 제품을 개발하거나 새로운 점포를 열 때 중요하게 고려하는 항목이다. 이미 시장에서 선풍적인 인기를 끌며 큰 이익을 가져다주고 있는 자사의 제품을 사장시킬 수도 있는 위험을 안고, 굳이 신제품을 개발하는 것이 난센스처럼 생각될 수 있다. 그러나 질레트는 스스로 안하면 다른 누군가가 할 것이라는 굳은 믿음이 있었기 때문에, 지속적으로 신제품을 출시해 의도적인 변화를 만들어 냄으로써 자신의 경쟁 우위를 지켰다. 애플이 아이팟을 몰아낼 수 있는 아이폰을 만들어 출시하고, 맥북 판매에 영향을 줄 수 있는 아이패드를 만들어 크게 성공한 것도, 넓은 의미에서 보면 유사한 사례라고 할 수 있다.

사자가 가젤을 공격하려면 가젤보다 더 빨리 뛰어 추월해 순간적인 공백을 만들어 낸 후, 절도 있는 한 방으로 공격해야 파괴력이 생기고 효과적인 사냥을 할 수 있다. 현실의 경쟁 환경은 동태적이다. 나 혼자

플레이 하는 것이 아니다. 상대가 있고, 내가 행동하면 나의 행동에 대한 상대의 반응이 있다. 내가 뛰면 상대도 뛰고, 상대가 더 빨리 뛰면 난 그보다 더 빨라야 한다. 나보다 빠른 위협적인 경쟁자가 없는 경우에도 때로는 자기가 자기 자신의 경쟁자가 되어야 할 필요도 있다. '영원한 승자는 없다'는 말을 기억하고, 스스로를 부정함으로써 끊임없이 경쟁력을 유지해 영생을 꾀하는 것이다.

제6장

미래 경영

속도경영에 길이 있다

앞에서 살펴본 바와 같이 속도혁명은 역사를 크게 변화시켰다. 역사적으로 보면 속도가 빠른 자가 승리했다. 현대는 디지털, 소프트웨어의 혁명으로 국경이 무너지면서 기업의 경쟁 환경이 글로벌 무한경쟁으로 바뀌었다. 사물인터넷, 인공지능 등 새로운 기술 발전과 혁신에 따라 소비자의 기호도 급변하고 있다. 기술 발전과 정보 유통 속도는 더 빨라지고, 곧 우리에게 다가올 미래 사회는 더욱 큰 변화를 겪게 될 것이다. 기업은 스스로 신속하게 반응해 새로운 환경에 적응하거나, 남들보다 먼저 변화해 새로운 경쟁 환경을 만들어야 경쟁에서 살아남고 이길 수 있다. 우리가 속도경영에 주목해야 하는 이유이다.

기업이 속도경영 체제를 갖추고 경영의 속도를 높이려면 어떻게 해야 하는지 살펴보자.

>>
실행 속도를 높이자
단순함과 정합성

속도경영이란, 방향을 잘 설정하고, 적절한 타이밍을 포착해 속도를 높이고, 힘을 집중해 상대보다 우세를 선점하는 것이며, 상황에 따라 속도의 완급을 조절할 수 있어야 한다고 설명했다. 여기서 속도의 완급을 조절하는 것은, 방향을 설정하는 전략 수립 단계가 아니고 실행 단계에서의 속도를 의미한다. 전략 구상에는 다면적 검토와 숙고의 과정이 요구된다. 물리적인 시간보다는 폭과 깊이를 갖는 몰입이 필요한 과정이다.

기업에서 실행 속도를 높이기 위해서는 우선적으로 조직의 단순함Simplicity과 정합성Alignment이 유지되어야 한다. 속도는 단순함에서 온다. 제도나 조직이 복잡하면 의사 결정이 느리고 실행력이 떨어진다. 단순하면 집중하기 쉽고, 복잡하면 집중하기 어렵다.

기업 경영의 귀재로 불렸던 GE의 잭 웰치는 경영의 주요 요소로서 속도Speed, 단순함Simplicity, 자신감Self-Confidence 세 가지를 언급했다

(아마 잭 웰치는 속도velocity와 속력speed을 구분하여 사용하지 않았던 것 같다.). 클라우제비츠도 《전쟁론》에서 강한 부대를 만들기 위해서는 명령 체계를 단순화하라고 했다. 기업이 성장함에 따라 조직의 규모가 커지고 사업도 다양해져서, 통제와 위험 관리 기능이 강화되고 업무 프로세스와 규정이 더욱 구체화된다. 그 결과로 기업은 단순함을 잃고 움직임이 굼떠지는 역설이 발생하게 된다.

정합성Alignment 또한 속도에 영향을 미친다. 일단 목표가 올바르게 설정된 뒤에는 조직과 구성원의 행동 하나하나가 목표의 방향과 일치해야 한다. 그렇지 못하면 추진력이 생길 수 없다. 정합성은 이해와 동의를 얻어 내는 소통으로부터 만들어진다. 조직 내 각 부서 및 구성원들과 커뮤니케이션이 원활해야 한 방향으로 정렬이 되고 일이 탄력을 받는다. 단순하면 한 방향 정렬이 쉽고, 복잡하면 한 방향 정렬이 어렵다. 기업의 비전이나 경영이념, 경영전략 역시 마찬가지이다. 복잡하면 조직원들이 이해해서 실행하기 어렵고, 단순하면 상대적으로 쉽게 조직에 내재화할 수 있다.

단순함과 정합성은 조직을 움직이는데 불가분의 관계에 있는 동일한 원리라고도 할 수 있다. 속도는 정합성을 바탕으로 하고, 정합성은 정보의 공유를 전제로 얻어진다. 조직에서 자금은 피이고 정보는 신경과 같다. 특히 정보는 투명성과 유통 속도가 중요하다. 조직 내의 정보 유통이 열려 있고 빠를수록 실행 속도가 빨라지고 조직의 경쟁력이 높아진다. 한 가지 주의할 점은 정합성을 얻기 위해 창의성과 다양성이 배제된다면 이는 올바른 선택이 아니다. 한 방향 정렬이 되면서도 개인의 의견이 충분히 개진될 수 있는 조직문화를 만들기 위한 세심한 배려가 필요하며, 무엇보다 CEO와 조직책임자의 의지가 제일 중요할 것이다.

요즈음은 SNS Social Networking Service가 발달해 그 부작용에 대해서도 논의가 많다. 특히 밤늦은 시간이나 휴일에 받는 문자메시지 업무 지시가 이슈가 되어 언론에서도 보도가 된 적이 있다. 그러나 문자 발송 시간을 제한한다는 것은 본질적인 해결책이 아니다. 문자메시지는 여러 사람의 소통에 매우 효과적인 수단이다.

근본적인 것은 소통에 대한 조직문화이다. 발신자는 문자메시지를 통제의 수단으로 사용하지 않고 정보 공유의 수단으로 인식해야 한다. 즉시 회신을 받는데 중심을 두기보다 발신함으로써 자신은 더 중요한 일에 집중한다는 자세가 필요하다. 수신자가 업무나 사생활에 지장을 받을 정도로 지시를 받는다면, 그것은 문자메시지라는 수단의 문제가 아니고 본질적으로 발신자인 상사의 문제인 것이다.

CEO가 회의에서 강조한 내용이 회의 직후 빠른 시간 내에 공유되어 구성원들 사이에 화두가 되고 팔로우업Follow Up되는 기업, 팀장이나 팀원이 출장이나 상담에서 협의한 내용이 즉시 팀 내에 공유되고 논의되는 팀의 경쟁력은 그렇지 않은 경우와는 비교할 수 없을 정도로 탁월하다. 고객 응대의 경우도 마찬가지이다. 상담 후의 신속한 팔로우업은 고객에게 믿음과 감동을 줄 수 있다. 고객의 일상적인 문의나 심각한 불만Claim이 발생했을 경우에도 신속한 커뮤니케이션과 대응Responsiveness이 가장 중요하다. 신속하게 고객의 문제에 관심을 표하고 진지한 자세로 성의 있게 대응하면 고객은 불안해하지 않고 신뢰하게 된다.

또한 센싱Sensing, 감지 능력의 제고가 필요하다. 센싱은 시장의 환경 변화, 고객 및 경쟁자에 대한 주요 정보를 적기에 수집하고 탐지함으로써 그 함의를 찾아내 사업에 반영하는 능력이다. 이러한 센싱 능력과 함께 ERPEnterprise Resource Planning, 전사 자원 관리 프로그램나 MISManagement Information System, 경영 정보 시스템를 활용해 주요 경영지표와 핵심 이슈의 가시성Visibility을 높이는 것도 제반 경영의 낭비와 비효율을 제거하고 조직의 속도를 높이는 일이다.

마지막으로 모험을 장려하고 실패를 용인하는 조직문화를 구축해야 한다. 의사 결정을 빨리 한다는 것은 어느 정도 실패에 대한 위험을 떠안는다는 것을 전제로 한다. 속도경영을 하기 위한 제반 여건이 다 갖추어져 있다 하더라도 조직 구성원들이 실패를 두려워한다면, 현상 유지에 급급하고 새로운 도전을 하지 않게 되므로 조직이 실제로 속도를 내기는 어려울 것이다.

손자의 '치중여치과治衆如治寡', '투중여투과鬪衆如鬪寡'

손자는 '치중여치과治衆如治寡', 즉 많은 병력을 다스리는 것을 적은 병력을 다스리는 것과 같이 해야 하고, 이를 위해서는 '분수分數'가 필요하다고 했다. 그리고 '투중여투과鬪衆如鬪寡', 즉 많은 병력의 싸움을 적은 병력의 싸움처럼 다스려야 하며, 이를 위해서는 '형명形名'이 필요하다고 했다.

손자가 얘기하는 '분수'란 숫자를 나누는 것이고, '형명'이란 깃발을 사용하고 쇠북과 징을 두들겨서 군대를 지휘하는 신호체계로, 현대적으로 풀어서 얘기하면 조직의 편제와 커뮤니케이션을 말한다고 할 수 있다. 즉 조직을 작은 단위로 편성하고, 정보의 투명성과 유통 속도가 높을수록 조직 전체의 실행 속도가 높아진다는 것이다. 달리 말하면 의사 결정 구조와 실행 체제가 단순해야 하고, 책임과 권한Role & Responsibilities이 명확하며, 조직내 커뮤니케이션이 원활해서 '한 방향 정렬'이 이루어져야 함을 의미하는 것이다.

오나라 왕 합려가 손자의 능력을 시험해 보기 위해 여자들도 훈련시킬 수 있느냐고 물었다. 손자는 흔쾌히 수락하고 즉석에서 궁녀들을 2개의 부대로 나눈 후에 간단한 군령과 신호체계를 가르쳐서, 오합지졸이던 궁녀들을 일사불란한 군대로 훈련시켰다. 이 유명한 고사는 분수와 형명의 중요성을 웅변한다.

>>
혁신은 속도경영의 엔진이다
경쟁 방식의 혁신

경쟁에서 승리하기 위해서는 자신의 강점을 최대한 발휘할 수 있는 경쟁 방식을 채택해야 한다. 열심히 남들보다 더 많이 뛰어 다니는 것만으로는 경쟁에서 이길 수 없다. 특히 경쟁자에 비해 역량과 자원이 부족한 약자거나 시장에 새로이 참여하는 경우에는 경쟁 방식을 혁신해야 게임 체인저가 될 수 있다.

다윗은 경쟁하는 방법을 혁신했다. 싸우는 방법을 근접전인 인파이팅이 아닌 아웃복싱으로 바꾸어, 자신의 무기인 돌팔매의 효과를 극대화함으로써 거인인 골리앗과 싸워 승리할 수 있었다. 삼성전자, LG전자, ZARA 등 속도경영을 성공적으로 해온 기업들도 제품력, 제품 개발주기, 공급망 관리, IT 시스템, 경영 프로세스 등 많은 부문의 혁신이 수반되었다.

손자는 기정술奇正術을 다음과 같이 얘기했다.

"무릇 전쟁이란 정正으로 적과 맞서 싸우되, 기奇로 결정적인 승리를 쟁취하는 것이다凡戰者, 以正合, 以奇勝."

"기奇를 능숙하게 구사하면 그 변화가 천지의 운행처럼 무궁무진하고, 강물의 흐름처럼 고갈되지 않는다. 또 해와 달이 뜨고 지듯, 사계절이 바뀌듯, 시작과 끝이 구별되지 않는다."

기정술奇正術에서 정正이란 정면으로 적과 교전하는 형태로, 정공법이다. 기奇란 전쟁터의 형세에 따라 적의 의표를 찌르는 작전을 써서 결정적으로 승리를 거두는 형태로, 현대 군사 용어로는 비대칭전략과 유사한 개념이다. 정은 상대도 알고 나도 아는 것이며, 기는 상대는 모르고 나만 아는 것이다. 손자가 말하는 기는 어떤 의미에서는 혁신과 통한다고 할 수 있다. 일반적으로 통용되는 개념과 규칙을 넘어서서 판을 새로이 짜는 것이며, 이는 상대가 당연하다고 생각하는 것을 당연하지 않게 받아들이고 상대의 예상을 뛰어넘는 속도로 변화를 만들어 내는 것이다.

혁신은 속도경영에 있어서 엔진의 역할을 한다고 할 수 있다. 변화를 가져올 수 있는 임계치 이상으로 속도를 높이려면, 일하는 방법을 바꾸어서 제품이나 경영 프로세스를 혁신해야 한다. 자신의 특성이 강점이 되도록 만들어야 하고, 상대의 강점으로 보이는 것들이 무력화되도록 경쟁의 조건을 만들어 가야 한다. 그것은 익숙하고 편한 것을 새로운 관점에서 보고, 낯설고 불편한 것을 받아들여 한층 발전시키는 혁신이 수반될 때 가능하다. 혁신이 따르지 않는 속도경영은 성과를 기대하기 어려울 뿐만 아니라, 조직의 피로감만 유발하고 구성원들의 의욕을 꺾고 지치게만 할 뿐이다.

6개월 만에 완성한 삼성전자 반도체 공장

　1983년 삼성이 기흥에 반도체 공장을 지을 때, 당시 이병철 회장은 반도체 호황기를 놓치지 않으려고 통상 1년 6개월이 소요되는 공장을 6개월 내에 완공할 것을 주문했다. 이를 위해 삼성은 기공식 이후 모든 공정을 동시에 진행했다. 라인과 골조 공사를 하면서 물과 전기 공급을 위한 시설Utility 공사도 같이 진행했다. 그리고 엔지니어도 미리 선발해 설비업체에 파견해서 사전 교육을 시켰다. 뿐만 아니라 비포장도로로는 운송할 수 없는 특수장비를 들여오기 위해, 하루 만에 4km의 포장도로를 만들고 거대한 선풍기를 동원해서 건조시키기까지 했다.

　삼성이 시대를 앞서 적용한 이 방법은, 1980년대 후반에 미국 군수산업 분야에서 시작된 새로운 제품 개발 방법론인 컨커런트 엔지니어링Concurrent Engineering이라는 기법과 같은 것이다. 이전에는 순차적으로 적용했던, 제품 디자인부터 개발, 시장 반응 조사, 출시에 이르는 여러 과정을 병렬로 동시에 진행시켜서 제품 개발 기간을 단축하는 방법이다. 병렬적 동시 진행을 통해 시행착오를 사전에 발견하고 조치함으로써, 생산성을 높이고 코스트를 낮추는 한편 출시 시기를 최대한 앞당김으로써 경쟁력을 갖는 방법이다. 컨커런트 엔지니어링을 하기 위해서는, 디자인, 개발, 제조, 품질, 마케팅, 서비스 등 모든 부서가 참여하는 CFTCross Functional Team를 조직해, 개발 초기 단계에서 문제점을 필터링Filtering해 최선의 안을 찾아 나가며, 서로 다른 부서에서 공동의 목표를 위해 열린 마음으로 소통해야 성공할 수 있다.

〉〉 리더는 통찰력을 가져야 한다
리더의 혁신 마인드

　배가 항해를 잘 하기 위해서는, 선장은 배가 가야 할 목적지와 방향을 잘 설정해야 하고, 안전하게 빨리 가기 위해서는 배의 동력원인 엔진이 강력해야 하며, 배의 구조가 물의 저항을 최소화해 잘 뜰 수 있도록 설계되어야 한다. 더불어 목표 방향으로 선원들이 일사불란하게 움직일 수 있도록 팀워킹이 필요하다.

　이를 기업에 비유해서 보면, 선장은 경영자, 엔진은 조직의 혁신역량과 경영 프로세스, 배의 구조는 조직구조와 조직문화, 선원들의 팀워크는 기업 내 각 조직간 팀워크에 해당한다고 볼 수 있다. 리더 즉 경영자는 목표를 잘 설정하고, 조직이 성과를 극대화할 수 있도록 조직구조, 경영 프로세스, 조직문화를 설계하고 구축하며, 조직간 정합성이 확보되도록 역할을 수행해야 한다. 그 중에서도 목표와 방향을 설정하는 일은 가장 핵심이라 할 수 있다.

　속도경영을 할 때도 가는 방향과 목표를 설정하는 것이 매우 중요하며, 이는 순간적인 속도와는 무관하게 깊이 생각하고 멀리 내다보는 심모원려深謀遠慮가 필요하다. 특히 성공의 대가는 크지만 막대한 리스크가 수반되는 의사 결정을 할 때는 리더의 통찰력이 말할 수 없이 중요하다. 국가로 보면 노르망디 상륙작전이나 인천 상륙작전과 같은 것이고, 기업으로 보면 삼성 이병철 회장이 주위의 반대를 무릅쓰고 반도체 사업 진출을 결정한 것이나, 현대 정주영 회장이 사우디아라비아 주바일 항만 프로젝트를 수주하고 고가의 재킷을 울산에서 제작해 대형 바지선으로 사우디아라비아까지 수송하기로 한 결정 등이 그러한 종류에 속한다고 하겠다.

통찰력이란 같은 상황을 두고 남들이 보지 못하는 기회를 발견하고, 같은 문제를 두고 남들이 보지 못하는 해결책을 찾아내는 능력을 말한다. 주어진 현상과 일상적인 생각을 뛰어넘어서, 어디를 어떻게 볼 것인가의 문제인 것이다. 그러나 이러한 통찰력은 그저 타고나는 것이 아니다. 수많은 현장 경험과 지식을 바탕으로, 본질을 재해석하고 재구성해 보려는 불같은 열정과 끈기 있는 성찰을 통해서 얻어지는 것이다. 통찰력은 속도에 의해서 얻어지는 것이 아니다.

이렇게 목표가 설정되고 실행 단계에 들어서면 조직 전체의 몰입이 이루어져야 한다. '불광불급不狂不及', 미치지 않으면 미칠 수 없다. 무엇이든 미쳐야 경지에 이를 수 있다. 속도에 미쳐야 속도가 나온다. 속도경영이 성공하려면 조직 전체가 속도의 가치를 신봉하고 전 부문에서 속도를 높이기 위해 미쳐야 한다.

속도를 높이려면 힘을 빼고 부드럽게 동작이 이루어져야 한다. 골프를 칠 때 멀리 똑바로 보내기 위해서는 부드럽게 스윙하되 임팩트 순간에 헤드 스피드가 최대가 되어야 하고, 수영에서도 빨리 가려면 몸에 힘을 쭉 빼고 발차기, 손젓기, 호흡 등 모든 동작이 조화롭게 균형을 이루어야 한다. 마찬가지로 조직의 몰입이 이루어지고 속도가 높아지려면 조직이 경직되지 말아야 한다. 일방통행 커뮤니케이션이나 독불장군 식의 '나를 따르라'는 단기적으로는 효과가 있을지도 모르지만 장기적으로 지속될 수 없다. 조직 내에 다양성이 존중되고 열린 소통, 개방적인 조직문화가 구축되어야만 조직의 유연성이 생기고 몰입이 일어나서 속도가 높아진다.

아울러 리더의 혁신 마인드가 필요하다. 리더가 혁신을 주도하고 조직 내 혁신 분위기를 조성해야 한다. 높은 목표를 요구하고 혁신과 변화를 주문하면, 구성원들은 현실적 여건을 고려해 비합리적이라고 생각할 수도 있다. 하지만 그렇게 인식과 사고의 차원을 근본적으로 바꾸어야만 비로소 기존의 관행을 벗어나 새로운 아이디어와 방법을 찾아낼 수 있다는 것을 구성원들이 이해하도록 조직의 일체감을 만들어 내야 한다.

>>
고객가치를 중시하자
속도경영에 대한 오해와 진실

일각에서는 속도가 지나치게 강조되면 제품력이 저하되거나 경영자원이 남용되고, 낮은 수준의 혁신이 반복되는 부작용이 있다고 주장한다. 또한 한국식 속도경영은 '빨리빨리'만 추구해 부실공사와 편법, 탈법이 많고, 효율성과 원가절감에는 뛰어나지만 경직적이어서 불확실한 환경 변화에 적응하지 못하며, 창의성을 기대하기 어렵고 조직의 피로감만 높아진다고 하는 이들도 있다. 따라서 이제는 속도경영은 한계에 달했고, 슬로우 경영이나 창의를 존중하는 다른 형태의 경영이 필요하다고 주장한다.

그러나 이러한 주장은 속도경영의 개념에 대한 오해에서 비롯되는 것이다. 진정한 속도경영은 혁신을 바탕으로 한다. 근본적인 업무 방법을 개선해 속도를 높이고 고객에게 더 큰 가치를 제공하는 것이 속도경영이다. 속도를 높이기 위해 조직원들의 시간을 지나치게 압박해 여유와 자율을 빼앗고, 궁극적으로 조직원들의 창의성이 발현되지 않는다면 그것은 속도경영이 아니다. 단기적으로는 속도를 높였으나 중장기적으로 속도가 낮아지는 결과가 나온다면 그것은 속도경영이라고 할 수 없다. 장기적으로 속도가 높아져야 진정한 속도경영이라 할 수 있다.

또한 속도경영의 준거는 고객가치가 되어야 한다. 예를 들어 식당에 오는 고객 중에는 식사가 빨리 나오기를 기대하기보다는 식당의 인테리어나 분위기도 음미하고 친구와 담소하면서 천천히 식사를 즐기고 싶어 하는 이들이 있을 수 있다. 이런 사람들에게 서빙 대기 시간을 단축하는 것은 아무런 가치도 제공하지 못하는 것이며, 이런 고객은 서빙 속도를 빨리 하는 식당의 타겟 고객이 될 수 없다. 그보다는 그들이 원하는 것을 빨리 알아차리고, 원할 때 즉시 대응할 수 있도록 하는 것이 경쟁력이다.

고객가치를 찾아내고 창조하기 위해서는 창의성과 꾀가 필요하다. 속도경영은 창의성과 대립 관계에 있는 것이 아니고 그것을 아우를 수 있어야 한다. '빨리 빨리'는 고객이 가치 있게 생각하는 것에만 적용되어야 하고 장기적 관점에서 실행되어야 한다.

한편 속도는 품질과 트레이드오프 관계에 있다. 일반적으로 속도를 높이면 품질이 낮아질 우려가 있다. 하지만 근본적으로 경영은 모순처럼 보이는 양 극단을 추구하고 실현해 내는 작업이다. 성능과 품질이 좋을 뿐만 아니라 코스트 경쟁력도 있는 제품을 만들어 내야 한다. 이런 트레이드오프를 극복하기 위해서는, 기존의 방법을 뛰어넘어서 신기술과 새로운 아이디어를 적용해 신제품을 개발하고, 제조

공정을 개선하고, 새로운 마케팅 방법을 찾아내서 가치 혁신을 거듭해야 한다.

그러나 모든 일엔 적절한 타이밍이 있다. 타이밍을 놓치면 회복이 불가능하거나, 회복할 수 있다 하더라도 이전에 비해 수십 배의 노력과 시간이 필요하다. 그러므로 적절한 수준에서 품질과 타협이 필요하다. 이때의 타협은 야합이나 단순한 양보가 아니다. 고객가치를 바탕으로 근본을 놓치지 않고 목표점을 지향하면서, 그 상황에 적절한 해결책을 찾아내는 것이다. 이것은 린스타트업의 저자 에릭 리스가 말한 MVP Minimum Viable Product : 존속 가능 제품, 그리고 손자의 졸속拙速 사상과도 맥락이 통한다고 할 수 있다.

운동과 속도는 우리가 존재하는 세계의 경험 방식을 구성하는 원리이고, 속도는 하나의 권력이 된다. 속도가 증가하면 사고의 스케일도 달라진다. 항공 노선의 확대나 KTX 개통으로 전국이 일일생활권이 되면서 모든 사고는 전국 단위로 변한다. 단위 시간 내에 처리하고 이동할 수 있는 양이 커지면서 인식의 지평이 확대된다. 이는 3차원의 세계관과 1차원의 세계관이 다른 것과 마찬가지이다. 빠른 속도를 경험해 보지 못하면 다른 세계가 존재한다는 것을 이해하기 어렵다. 속도가 빨라지면서 차원이 높아지고 새로운 전략의 구사가 가능해지는 것이다.

속도는 조급함과는 구별되어야 한다. 시간을 길게 보면 느린 것이 빠른 것이다. 빠름과 느림은 상충하는 개념이 아니다. 목표와 방향을 올바르게 설정하려면 장기적 관점에서 길게, 느리게 생각해야 한다.

대국적 관점을 놓치지 않되 실행은 빠르게 해야 하는 것이다. 모든 것은 상대적인 것이다. 미하이 칙센트미하이 교수가 연구 결과로 밝힌 것처럼, 몰입하는 자에게 1분, 1초는 매우 긴 시간이다. 시속 150km의 강속구를 상대로 홈런을 수백 개씩 쳐 내는 전설의 타자들은 타격을 하는 순간이 그렇게 길고 공이 커 보인다고 한다. 한편 절대자의 눈으로 보면 100년이라는 시간은 아주 짧은 시간일 수도 있다.

그러나 속도는 피로감을 동반한다. 자칫 잘못하면 조급증을 유발한다. 잘못 이해하고 실행하면 품질을 희생하고 급기야는 성과를 망친다. 빠른 속도로 가면서 가까운 곳을 보면 쉽게 피곤해지고 핵심을 놓친다. 속도가 빠를수록 높이 날아 멀고 길게 봐야 한다. 그것은 비행기를 타고 창문 아래를 내려다보면, 창밖의 풍경들이 천천히 움직이고 그 움직임을 아주 뚜렷하게 볼 수 있는 것과 같은 원리이다.

우리 삶의 질이 높고 품위 있는 인생을 살기를 원한다면, 느림의 미학에도 눈을 돌려 속도 경쟁으로 인해 정서가 피폐해지지 않도록 보완할 필요가 있다. 빨리 가면 사고의 스케일이 커지기도 하지만, 자동차를 타고 갈 때 보지 못했던 것들이 자전거를 타고 가거나 걸어가면 보이는 경우가 자주 있지 않은가? 속도에 매몰되지 않고 의도적으로 여유를 확보해 성찰의 시간을 가질 수 있어야 창의도 꽃피우고 풍부한 감성도 생겨날 것이다.

소프트파워와 속도경영 그리고 창조경제

국정 농단에 대한 시비로 국가가 큰 혼란을 겪고 박근혜 정부가 임기를 마치지 못하고 중단되었다. 박근혜 정부가 주창한 창조경제도 비판받고 있다. 하지만 박근혜 정부의 공과에 대한 평가와는 별개로, 큰 흐름으로 볼 때 미래는 소프트파워 사회로 컨텐츠와 소프트웨어가 중심이 되는 사회이다. 이런 사회에서 산업을 어떻게 발전시킬 것인가에 대한 고민과 그 방향은 틀리지 않았다고 할 수 있다.

소프트파워를 특성으로 갖는 산업들과 속도경영은 어떤 관계가 있는가? 최근 수년간 정부와 기업이 힘을 쏟은 창조경제가 별다른 논의 과정도 없이 사장되는 것은 바람직하지 않다는 판단 아래, 여기서는 창조경제를 중심으로 속도경영과의 관계를 규명해 보려고 한다. 창조경제는 비전이 불확실하고 개념이 모호해 구체성이 부족하다는 지적과 비판을 많이 받았고, 그 결과 창조경제의 개념적 정의에 대해서도 많은 논란이 있어 왔다.

창조경제의 개념은 영국의 경영전략가인 존 호킨스John Howkins가 2001년 그의 저서 《The Creative Economy》에서 학술적으로 정리했다. 그는 창조경제란 '경제활동에 필요한 투입과 산출의 주요 요소가, 전통적인 토지나 자본이 아닌 창조적 아이디어에 있는 경제'이고, '창조적 행위와 경제적 가치를 결합한 창조적 생산물의 거래'로 정의했다. 한국정보화진흥원 등을 비롯한 관련 기관의 자료를 토대로 보면, 정부가 얘기하는 창조경제란 '새로운 아이디어나 개념의 발굴, 또는 기존의 아이디어를 토대로 새로운 방법이나 과정을 적용해 경제적 가치를 창출하는 것'을 의미하며, 창조경제의 핵심 원동력은 창의성Creativity, 지식정보 Contents, 융합Convergence이라고 한다.

쉽게 풀어보면 전통적인 창조산업은 문화산업, 디자인, 엔터테인먼트 등이며, 최근 인터넷혁명, 모바일혁명이 진전됨에 따라, 미래의 창조산업은 ICTInformation & Communication Technology 정보통신 기술가 전 산업에 연결되어 지식정보, 개인의 창의성과 융합을 촉진하는 역할을 함으로써 부를 창출하고 새로운 성장 동력이 된다는 것이다. 구체적으로는 애플과 페이스북이 창조경제의 대표적 기업이다. 그들은 새로운 아이디어와 창의성에 ICT를 융합해 새로운 시장을 만들어 냈다. 애플은 앱스토어를 만들어 다양한 컨텐츠를 흡수하면서 생태계를 구성해 새로운 사업을 만들었고, 페이스북을 대표로 하는 SNSSocial Network Service는 사회적 관계를 확장시키고 위치 정보, 게임, 음악, 동영상, 쇼핑 등의 정보와 결합해 새로운 IT 제품과 서비스를 창출했다.

이런 유형의 비즈니스는 많은 경우 플랫폼 비즈니스의 형태를 갖는다. 전통적인 산업에서의 기업 전략은 주로 구매-제조-유통-판매에 이르는 가치사슬Value Chain 전반에 걸쳐 자원을 효율적으로 배분해 사용하는 것에 중점을 두었고, 한쪽에만 고객이 존재하는 단면 시장One-Sided Market이었다. 반면에 플랫폼 비즈니스는 양면 시장Two-Sided Market이다. 구글, 페이스북, 아마존, 링크드인 등 세계적으로 성공한 ICT 기업의 특징을 보면, 이들에게는 양쪽의 이용자 그룹이 존재하며, 이 양쪽 사이드 Two Side를 매개하는 네트워크로서만 기능할 뿐 특정한 제품을 직접 생산해 이윤을 획득하지 않는다. 양쪽 중 어느 한쪽 그룹의 거래량이 늘어남에 따라 다른 한쪽 그룹의 참여도 많아진다. 이에 따라 양측의 거래량도 증가하게 되는데 이런 현상을 교차 네트워크 효과Cross-Network Effect라고 한다.

전통적 기업은 성장을 위해 R&D나 마케팅에 비용을 투자하지만, 플랫폼 사업자들은 그보다는 새로운 기술을 갖고 있는 기업이나 다른 고객 집단을 확보하고 있는 기업과 인수합병을 통해 새로운 고객, 이용자를 확보하는데 더 집중한다. 페이스북이 왓츠앱이나 인스타그램을 인수한 것이나, 구글이 유튜브를 사들인 것이 다 그러한 이유이다.

또한 플랫폼 비즈니스는 대부분 승자독식Winner Takes All의 특성을 가지고 있다. 이용자가 유사한 플랫폼을 복수로 유지하는 데는 시간이나 노력 형태로 비용이 들기 때문에, 결국 가장 사용이 편리하고 효용이 큰 하나의 플랫폼을 선택하게 되기 때문이다. 우리가 일상적으로 이용하고 있는 플랫폼인 구글, 페이스북, 네이버 등을 보면, 대부분 1등 사업자가 압도적인 점유율을 가지고 있는 것을 쉽게 발견할 수 있다.

이와 같이 플랫폼 비즈니스에는 선발자 우위First Mover Advantage, 교차 네트워크 효과, 승자독식Winner Takes All의 경쟁 원리가 지배한다. 사업의 기회를 선점하고, 경쟁자와의 격차를 확대할수록 지위가 공고해지는 효과가 전통산업의 경우보다 훨씬 커진다.

창조산업이 태동하기 위해서는 무엇보다 창의성을 토대로 지식정보를 생산하고 유통시키는 아이디어와 융합하는 역량이 우선 필요하다. 그러나 일단 사업화가 된 후에는 빠른 속도로 이용자 수를 늘려 나가야 한다. 그러므로 플랫폼 비즈니스를 주로 하는 창조산업에서는 차별적 가치를 제공할 수 있도록 플랫폼의 구조를 설계해야 할 뿐만 아니라, 먼저 시작하고, 먼저 나아가고, 변화에 상대보다 더욱 민첩하고 신속하게 대응하는 속도경영이 필요하다. 이때 고객가치를 기반으로 혁신이 어우러지면, 사업 추진이 가속화되어 경쟁사보다 먼저 임계치 이상의 이용자 규모를 확보하기에 용이해진다. 그러므로 플랫폼 비즈니스가 지배하는 창조산업의 경우에는 속도경영 역량이 사업 성공 요건 중의 하나라고 할 수 있다.

속도경영에서 길을 찾자
한국 기업의 경쟁력

　기업 경영에도 조류가 있다. 리엔지니어링, 다운사이징, 가치경영, 6시그마, 블루오션,… 시대에 따라 다양한 경영사상과 경영기법이 유행한다. 모두 나름대로 일리가 있는 이론들이다. 그러나 속도경영은 이와 같은 경영사상이나 경영기법들과는 다른 의미를 지닌다. 속도경영은 경쟁의 원리이다. 전략을 실행하기 위한 구체적이고 실천적인 행동 지침이다. 속도경영은 추구하는 목표와 의미가 매우 단순하고 명확해서 이해하고 공유하기 쉽다. 따라서 전 조직원이 공유하고, 일관성 있게 실천하기에 용이한 규범이다.

　속도경영이 체화된 기업은 일단 목표가 설정되고 전략이 세워지면 전광석화처럼 질주하기 때문에, 실행력과 파괴력이 타의 추종을 불허한다. 내가 우위를 가질 수 있는 국면에서는, 천길 절벽 위에서 쏟아져 내리는 물이 큰 바위를 굴러가게 하듯이 세勢를 모아 상대를 압박하는 속도전을 전개해 승리를 쟁취해 낸다.

속도를 기반으로 하는 경쟁전략은 조직의 규모나 힘과는 직접적인 관계가 없다. 큰 기업이라고 모든 방면에서 우위를 가지고 있는 것은 아니다. 이를테면 유통망이나 제조 능력, R&D 역량은 뛰어나지만, 특정 세그먼트에서의 신속한 제품 개발이나 유연한 고객 응대는 취약할 수도 있는 것이다. 큰 조직이든 작은 조직이든, 힘이 세든 약하든, 중요한 것은 어떤 방면에서 경쟁 우위를 가질 것인가를 선택하는 것이고, 혁신을 통해 빠른 속도로 그 방면의 근본적인 경쟁 우위를 확보하는 것이다.

한국인과 한국 기업은 속도경영에 최적의 DNA를 가지고 있다. 한국인들은 일상생활에서 빠른 속도를 추구한다. 세계에서 가장 빠른 인터넷 속도, 가전제품 A/S 방문 출동 시간, 택배 소요 시간 등등. 굳이 예를 들지 않아도 무엇이든 빨리 처리하는 것을 좋아하고 그렇게 해 주기를 요구한다. 한국인들은 새로운 것을 받아들이는 데 능하다. 다시 말하면 변화를 두려워하지 않고 수용할 줄 안다는 것이다. 하나의 경영사상이나 기법이 유행하면 너도나도 도입해 제 것으로 만들려고 부단히 노력한다. 한국이 21세기 디지털 사회로 가장 빨리, 성공적으로 진입한 국가 중의 하나라는 사실을 보아도, 변화에 대한 적응이 빠르다는 것을 알 수 있다. 그리고 배짱이 있어서 도전을 두려워하지 않는 기업가 정신을 가지고 있다. '모 아니면 도'를 추구하는 기질이 있어서, 일상적인 사고로는 도달할 수 없는 큰 폭의 개선 방안을 찾는 기본적인 혁신 에스프리esprit가 있다.

현대 사회의 경쟁에서 생존하고 궁극적으로 승리하기 위해서는 속도경영을 받아들여야 한다. 속도 경쟁은 피할 수 없다. 더 이상 선택의 문제가 아니다. 이미 언급한 바와 같이 속도경영이란 무엇이든 빨리 하자는 것이 아니다. 타이밍을 판단해 속도의 완급을 조절할 줄 알아야 하며, 속도가 필요할 때 속도를 높일 수 있어야 한다는 것을 의미한다. 비용이 추가되지 않는다는 전제 하에서는 늘 빨라야 좋은 것들이 있다. 재고 회전, 사이클 타임, 물류 소요 기간 등등. 이러한 것들은 끊임없이 극한으로 속도를 추구해서 비용을 절감하고 생산성을 높여야 한다,

다만 구성원들이 조급증에 빠지지 않도록 리더가 도전적이면서도 적절한 목표를 설정할 역량이 있어야 한다. 때로는 기다려줄 줄도 알아야 한다. 아무리 급해도 반드시 지켜야 하는 행동의 기준을 만들어 조직의 가치로 내재화해야 한다. 목표치에 떠밀려 위험을 인식하지 못한 채 그대로 흘러가도록 하면 안 된다. 리스크가 있다면 그 리스크가 노출된 상태에서 리더가 의사 결정을 할 수 있도록 해야 한다.

아울러 한국인의 속도 DNA가 조급함, 얼렁뚱땅 마무리, 냄비 근성, 한탕주의로 이어지지 않도록 장치를 만들어야 한다. 품질에 중요한critical 영향을 미치는 단계마다 Gate keeper 단계별 평가 시스템를 두고 관리하는 업무 프로세스를 정형화하고 시스템화해야 한다. 업무 프로세스를 구축하는 것만으로 이런 문제가 해결되는 것은 아니다. 중요한 것은 이러한 업무 시스템이 잘 작동할 수 있고 구성원들의 다양성과 창의성이 저해되지 않도록, 수평적이고 열린 소통의 조직문화를 구축해야만 한다. 그렇지 않으면 아무리 프로세스가 잘 정립되어

있다 하더라도 산출물의 품질에 중대한 영향을 미칠 수 있는 리스크가 노출되지 못하게 됨으로써, 결국 기업 경영에 심각한 문제를 초래하게 된다. 삼성 갤럭시 노트7의 실패가 좋은 사례일 것이다.

속도를 계속 추구하다 보면 중압감, 피로감으로 인한 구성원과 조직의 번아웃이 나타나기 마련이다. 이것에 대한 해결책은 리더의 과감한 인식 전환이다. 휴식은 재충전이고 더 빠른 속도를 가능하게 한다는 단순하고도 명확한 진리에 대한 인식이 그것이다. 구성원들이 일과 휴식을 구분할 수 있는 조직문화를 만들고, 업무로 인한 긴장과 피로를 풀 수 있는 충분한 휴식을 보장받을 수 있도록 제도적으로 뒷받침해 주어야 한다.

속도경영전략을 잘못 이해해 무턱대고 '빨리빨리'만 외치며 미련스럽게 부지런만 떨거나 조급증에 빠지는 우를 범하지 않고, 고객가치와 혁신에 바탕을 두고, 상대적인 나의 강점을 무기로, 상황에 맞추어 타이밍을 판단해 속도의 완급을 조절할 줄 안다면, 속도경영전략은 강자와 약자 모두에게 매우 효과적인 경쟁 원리가 될 수 있다. 특히 속도와 혁신을 DNA로 갖고 있는 한국 기업들에게는 속도경영이 글로벌 시장에서 경쟁사를 압도하고 리더가 될 수 있는 비책이 될 것이다. 미래는 바로 속도경영에 길이 있는 것이다.